새로운 도서
다잉
동양
홈페이지에서
만나보세요!

www.dongyangbooks.com
m.dongyangbooks.com

홈페이지 도서 자료실에서 학습자료 및 MP3 무료 다운로드

PC

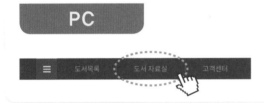

❶ 홈페이지 접속 후 **도서 자료실** 클릭
❷ **하단 검색 창**에 검색어 입력
❸ MP3, 정답과 해설, 부가자료 등 첨부파일 다운로드

* 원하는 자료가 없는 경우 '요청하기' 클릭!

MOBILE

* 반드시 '인터넷, Safari, Chrome' App을 이용하여 홈페이지에 접속해주세요. (네이버, 다음 App 이용 시 첨부파일의 확장자명이 변경되어 저장되는 오류가 발생할 수 있습니다.)

❶ 홈페이지 접속 후 ☰ 터치

❷ 도서 자료실 터치

❸ 하단 검색창에 검색어 입력
❹ MP3, 정답과 해설, 부가자료 등 첨부파일 다운로드

* 압축 해제 방법은 '다운로드 Tip' 참고

미래와 통하는 책

가장 쉬운 독학
일본어 첫걸음
14,000원

버전업! 굿모닝
독학 일본어 첫걸음
14,500원

일단 합격하고 오겠습니다
JLPT 일본어능력시험 N3
26,000원

일본어 100문장 암기하고
왕초보 탈출하기
13,500원

가장 쉬운 독학
중국어 첫걸음
14,000원

가장 쉬운 중국어
첫걸음의 모든 것
14,500원

일단 합격 新HSK
한 권이면 끝! 4급
24,000원

중국어
지금 시작해
14,500원

영어를 해석하지 않고
읽는 법
15,500원

미국식
영작문 수업
14,500원

세상에서 제일 쉬운
10문장 영어회화
13,500원

영어회화
순간패턴 200
14,500원

가장 쉬운 독학
베트남어 첫걸음
15,000원

가장 쉬운 독학
프랑스어 첫걸음
16,500원

가장 쉬운 독학
스페인어 첫걸음
15,000원

가장 쉬운 독학
독일어 첫걸음
17,000원

동양북스 베스트 도서

THE
GOAL 1
22,000원

인스타
브레인
15,000원

직장인, 100만 원으로
주식투자 하기
17,500원

당신의 어린 시절이
울고 있다
13,800원

놀면서 스마트해지는 두뇌 자극
플레이북 딴짓거리 EASY
12,500원

죽기 전까지
병원 갈 일 없는 스트레칭
13,500원

가장 쉬운 독학
이세돌 바둑 첫걸음
16,500원

누가 봐도 괜찮은 손글씨 쓰는
법을 하나씩 하나씩 알기 쉽게
13,500원

가장 쉬운 초등 필수 파닉스
하루 한 장의 기적
14,000원

가장 쉬운 알파벳 쓰기
하루 한 장의 기적
12,000원

가장 쉬운 영어 발음기호
하루 한 장의 기적
12,500원

가장 쉬운 초등한자 따라쓰기
하루 한 장의 기적
9,500원

세상에서 제일 쉬운
엄마표 생활영어
12,500원

세상에서 제일 쉬운
엄마표 영어놀이
13,500원

창의쑥쑥 환이맘의
엄마표 놀이육아
14,500원

동양북스
www.dongyangbooks.com
m.dongyangbooks.com

일본어뱅크

쉽게 말할 수 있는

NEW 스타일

이현진, 최윤정, 최성옥 지음

일본어

2

동양북스

쉽게 말할 수 있는
NEW 스타일
일본어 ②

개정 1판 2쇄 | 2022년 3월 20일

지은이 | 이현진, 최윤정, 최성옥
발행인 | 김태웅
책임 편집 | 길혜진, 이선민
디자인 | 남은혜, 신효선
마케팅 | 나재승
제 작 | 현대순

발행처 | (주)동양북스
등 록 | 제2014-000055호
주 소 | 서울시 마포구 동교로22길 14 (04030)
구입 문의 | 전화 (02)337-1737 팩스 (02)334-6624
내용 문의 | 전화 (02)337-1762 dybooks2@gmail.com

ISBN 979-11-5768-551-6 14730
     979-11-5768-548-6 14730(전 2권)

이 도서의 국립중앙도서관 출판예정도서목록(CIP)은 서지정보유통지원시스템 홈페이지(http://seoji.go.kr)와
국가자료공동목록시스템(http://www.nl.go.kr/kolisnet)에서 이용하실 수 있습니다.
(CIP제어번호:CIP2019039164)

　본 교재는 '최소한의 어휘, 문형으로, 최대한의 실질적 일본어 사용 능력을 육성하자'는 것을 목표로 하고 있습니다.

　일본어 학습자 중에는 일본어 학습에 많은 시간을 투자하며 JLPT N1 이상의 상급 일본어 능력을 목표로 하는 사람도 있지만, 짧은 기간에 효율적으로 일본어를 학습해야 하는 사람도 있습니다. 기존의 교재들은 대부분 전자의 학습을 염두에 두고 구성되어 있으며, 이는 많은 어휘 및 문형 제시, 듣기·작문·독해 등 다양한 학습 내용과 지면 할애로 알 수 있습니다. 하지만 제한된 시간에 일본어를 실제로 사용할 수 있도록 하기 위해서는 실생활에서 자주 쓰이는 어휘와 표현, 문형 학습을 바탕으로 한 기본에 충실한 구성이 가장 중요하다고 생각합니다.

　그래서 본 교재는 다음 세 가지에 중점을 두고 만들었습니다.

- 실생활에서 자주 쓰이는 어휘, 문형을 엄선하여 학습자의 부담을 덜었습니다.
- 실제 회화에 가까운 자연스러운 회화를 익히기 위해 여러 상황에서의 간단한 회화를 실었습니다.
- 다른 보조 교재를 사용하지 않아도 원활한 수업 진행이 이루어질 수 있도록 다양한 연습과 활용 연습을 넣었습니다.

　이 책을 통해 입문 단계에서 포기하지 않고 주저 없이 다음 단계로 나아갈 수 있는 자신감과 성취감을 경험하기를 바랍니다. 이 책을 다 끝내고 일본인과 자신 있게 대화를 나눌 수 있는 여러분이 되시길 진심으로 기원합니다.

저자 일동

학습 목표

각 과에서 학습할 핵심 내용을 제시했습니다. 본격적인 학습에 들어가기 전에, 학습 목표를 확실히 인지하여 각 과의 단어 및 문법 학습의 동기를 자극하고, 효율적 학습이 진행될 수 있도록 합시다.

새로운 어휘

이 과에 새로 나온 단어와 표현을 품사별, 의미별로 알기 쉽게 제시하였습니다. MP3 음성을 들으며 눈으로 확인하고, 직접 읽고 쓰면서 학습을 한다면 시각, 청각을 모두 이용한 효율적인 어휘 학습이 될 수 있을 것입니다.

문법 노트 (문법/문형)

핵심 문형을 알기 쉬운 설명과 다양한 예문, 패턴 연습과 함께 제시하였습니다. 학습한 내용은 그 즉시 연습을 해야만 자신의 것으로 만들 수 있습니다. 핵심 문형을 학습한 뒤 직접 쓰고 말하며 문형 연습을 해 봅시다.

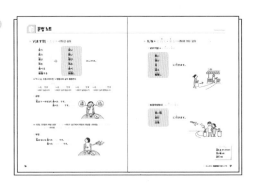

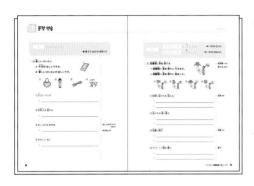

문법 노트에서 공부한 내용을 실제 상황에서 응용해 보며 연습할 수 있도록 다양한 패턴 연습을 제시하였습니다. 직접 쓰고 말하며 패턴 연습을 해 봅시다. 연습한 내용은 반드시 MP3 음성을 들으며 확인하고 말해 보세요. 그래야만 일본인을 만났을 때 자연스럽게 배운 표현들을 활용하여 대화할 수 있답니다.

지금까지 학습한 단어 및 문형이 실제 어떻게 사용되는지, 자연스러운 일본어 회화를 통해 확인해 봅시다. 더욱 높은 효과를 얻기 위해 문형, 어휘, 발음에 주의하면서 MP3 음성을 반복적으로 듣고, 따라 말해 봅시다.

지금까지 학습한 내용을 종합적으로 점검해 보며 실력을 확인하는 공간입니다. 자신이 갖고 있는 일본어 어휘, 문형 능력을 최대한 활용하여 다양한 일본어 표현을 만들어 봅시다.

- 각 과에서 학습한 단어의 확실한 암기를 돕는 공간입니다. 핵심 단어만을 제시해 놓았으니, 철저히 암기합시다.

- 기본 단어나 문형 이외에, 실제 일본어를 사용할 때 필요한 사항과 문화에 대해 소개해 놓았습니다. 재미있게 읽고 이해하여 실제 일본어 사용에 도움이 되도록 합시다.

머리말 • 003

이 책의 구성 • 004

Lesson
00 **기초 일본어 복습** 008

Lesson
01 <ruby>久<rt>ひさ</rt></ruby>しぶりに <ruby>韓国映画<rt>かんこくえいが</rt></ruby>が <ruby>見<rt>み</rt></ruby>たいです。 013
・〜が ほしい　・〜たい　・〜に 行く(来る)

Lesson
02 すみませんが、<ruby>写真<rt>しゃしん</rt></ruby>を とって ください。 029
・동사의 て형　・〜て いる　・〜て ください

Lesson
03 この <ruby>靴<rt>くつ</rt></ruby>を はいて みても いいですか。 045
・〜てから　・〜て みる　・〜ても いいですか　・〜ては いけません　・〜ながら

Lesson
04 マッコリを <ruby>飲<rt>の</rt></ruby>んだ ことが ありますか。 061
・동사의 た형　・〜た ことが ある　・〜た 後で　・〜前に　・〜たり 〜たり

Lesson
05 テストは <ruby>簡単<rt>かんたん</rt></ruby>ですから、<ruby>心配<rt>しんぱい</rt></ruby>しないで ください。 077
・동사의 ない형　・〜ないで　・〜ないで ください

Lesson
06 <ruby>入院<rt>にゅういん</rt></ruby>しなければ なりませんか。 091
・〜なければ なりません　・〜なくても いいです　・〜ない 方が いいです
・〜た 方が いいです

Lesson 07
困った 時は いつでも 連絡して ください。　103
・정중체와 보통체　・보통체 명사 수식

Lesson 08
私は 韓国の チームが 勝つと 思います。　117
・〜と 思う　・〜と 言う　・형용사의 부사화

Lesson 09
1 時間ぐらいは 走れます。　133
・동사의 가능 표현(가능형/〜ことが できる)　・〜ように する　・〜ように なる

Lesson 10
田中さんに 手伝って もらいました。　149
・수수 표현(물건 및 행위 주고 받기)

Lesson 11
ビールは ちゃんと 冷やして あります。　165
・자동사와 타동사　・〜て いる　・〜て ある　・〜て おく

Lesson 12
昨日から ずっと 頭が 痛いんです。　179
・〜んです

부록

・연습문제 정답 ・192
・회화 해석 ・196
・동사 활용 및 문형 정리 ・200
・색인(Index) ・202

기초 실력 확인 문제

본 학습에 앞서 자신의 일본어 실력을 점검해 보고, 기초 문법(문형)에 대한 간단한 복습을 통해 본 학습에 효율적으로 대비합시다~!

▶ (　　　) 안에서 적당한 말을 고르세요.

1. 私 (は / を) 田中です。

2. コーヒー (が / を) 三つ お願いします。

3. A : これは (何 / いくら) ですか。

   B : 10,000円です。

4. A : それは だれの ノートですか。

   B : (私 / 私の) です。

5. 日本語の 授業は 9時 (から / まで) 10時 30分 (から / まで) です。

6. A : 今 暑いですか。

   B : いいえ、(暑いです / 暑く ないです)。

7. 背が (高いくて / 高くて)、かっこいいです。

8. A : あなたの 部屋は きれいですか。

   B : いいえ、(きれく ないです / きれいじゃ ありません)。

9. 毎朝 9時 (に / で) 学校へ 行きます。

10. 私は お酒を よく (飲みます / 飲みません)。

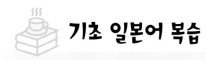

기초 일본어 복습

▶ 조사

~は	~은/는	こちらは 田中<ruby>た<rt>た</rt></ruby>中<ruby>なか<rt>なか</rt></ruby>さんです。
~が	~이/가	先生、質問が あります。
~を	~을/를	すみません。会計を お願いします。
~に	① (장소)に : ~에 ② (시간)に : ~에	トイレは どこに ありますか。 6時に 起きます。
~へ	~에, ~(으)로	こちらへ どうぞ。
~で	① (장소)で : ~에서 ② (수단)で : ~(으)로	デパートで 買いました。 電車で 来ました。
~と	~와/과	ハンバーグ定食と コーヒーを ください。
~も	~도	木村さんも 友だちですか。
~から ~まで	~부터 ~까지	病院は 午前 9時半から 午後 7時までです。

▶ 지시어(こ·そ·あ·ど)

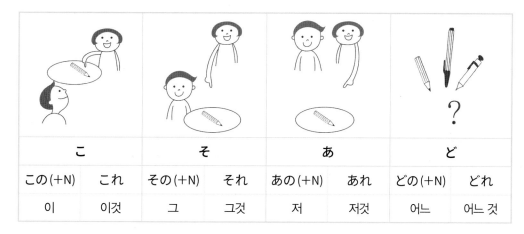

こ		そ		あ		ど	
この(+N)	これ	その(+N)	それ	あの(+N)	あれ	どの(+N)	どれ
이	이것	그	그것	저	저것	어느	어느 것

기초 일본어 복습

▶ **정중체 VS 보통체**

- 정중체 : 「です」「ます」 등을 붙인 정중한 말로 상대방에게 공손함을 나타내는 문체.

  (명사 및 형용사에는 「です」, 동사에는 「ます」가 붙는다.)

- 보통체 : 친구나 가까운 사이에서 사용하는 「です」「ます」 등을 붙이지 않은 문체.

  (Lesson 7 참조)

▶ **명사 & な형용사 활용**

		명사 (学生)	な형용사 (好きだ)
명사 수식			好きな (人) 좋아하는 (사람)
연결		学生で 학생이고, 학생이어서	好きで 좋아하고, 좋아해서
현재	긍정	学生です 학생입니다	好きです 좋아합니다
	부정	学生じゃ ありません 학생이 아닙니다	好きじゃ ありません 좋아하지 않습니다
과거	긍정	学生でした 학생이었습니다	好きでした 좋아했습니다
	부정	学生じゃ ありませんでした 학생이 아니었습니다	好きじゃ ありませんでした 좋아하지 않았습니다

▶ **い형용사 활용**

		い형용사 (おいしい)
명사 수식		おいしい (パン) 맛있는 (빵)
연결		おいしくて 맛있고, 맛있어서
현재	긍정	おいしいです 맛있습니다
	부정	おいしく ないです 맛있지 않습니다
과거	긍정	おいしかったです 맛있었습니다
	부정	おいしく なかったです 맛있지 않았습니다

※ ありません = ないです / ありませんでした = なかったです

▶ 동사 활용

동사의 종류 & ます형

• 3그룹 동사

$$
\begin{array}{ccc}
する & & します \\
来る & \rightarrow & 来ます
\end{array}
$$

• 2그룹 동사
사전형(기본형)이 「る」로 끝나며, 「る」바로 앞 한 글자가 「i모음(い단)」 혹은 「e모음(え단)」인 동사

　예　見る(miru)　→　見る　＋ます
　　　食べる(taberu)　→　食べる ＋ます

• 1그룹 동사

1) 2그룹과 3그룹 동사를 제외한 나머지 모든 동사　2) 예외 1그룹 동사(형태는 2그룹)

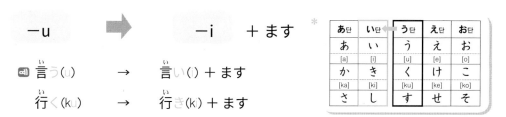

　예　言う(u)　→　言い(i) ＋ます
　　　行く(ku)　→　行き(k) ＋ます

あ단	い단	う단	え단	お단
あ	い	う	え	お
[a]	[i]	[u]	[e]	[o]
か	き	く	け	こ
[ka]	[ki]	[ku]	[ke]	[ko]
さ	し	す	せ	そ

ます형 접속 문형

行きます	갑니다 (갈 겁니다, 가겠습니다)
行きません	가지 않습니다 (가지 않을 겁니다, 가지 않겠습니다)
行きました	갔습니다
行きませんでした	가지 않았습니다
行きませんか	가지 않겠습니까?
行きましょう	갑시다
行きましょうか	갈까요?

최종 확인 연습

▶ な형용사 & 명사

きれいだ 예쁘다	きれいです 예쁩니다	きれいじゃ ありません 예쁘지 않습니다	きれいでした 예뻤습니다	きれいじゃ ありませんでした 예쁘지 않았습니다
べんり 便利だ				
かのじょ 彼女				

▶ い형용사

おお 大きい 크다	おお 大きいです 큽니다	おお 大きく ないです 크지 않습니다	おお 大きかったです 컸습니다	おお 大きく なかったです 크지 않았습니다
おもしろい				
*いい (= よい)				

▶ 동사

		お 起きる 일어나다	お 起きます 일어납니다	お 起きません 일어나지 않습니다	お 起きました 일어났습니다	お 起きませんでした 일어나지 않았습니다
1그룹	の 飲む					
	*かえ 帰る					
2그룹	た 食べる					
	み 見る					
3그룹	く 来る					
	する					

수고하셨습니다. 자, 이제 새로운 공부를 시작해 볼까요?

01

ひさ
久しぶりに 韓国映画が
み
見たいです。

학습 목표　1. 동사의 ます형을 이용한 다양한 문형을 이해한다.
2. 상대방과 자신의 희망에 대해 묻고 답할 수 있다.

🎧 01-01

- **恋人** [こいびと] 애인, 연인
- **服** [ふく] 옷
- **めがね** 안경
- **買い物** [かもの] 쇼핑
- **旅行** [りょこう] 여행
- **空港** [くうこう] 공항
- **図書館** [としょかん] 도서관
- **今週** [こんしゅう] 이번 주
- **時** [とき] 때
  - * **子どもの時** [こどものとき] 아이 때
- **お腹** [なか] 배
  - * **お腹がすく** [なか] 배가 고프다
- **のど** 목
  - * **のどがかわく** 목이 마르다

- **迎える** [むかえる] (찾아온 사람, 다가온 시기 등을) 맞다, 맞이하다
- **借りる** [かりる] 빌리다
- **やる** 하다
- **結婚する** [けっこん] 결혼하다

- **いっぱいだ** 가득차다
  - * **お腹がいっぱいだ** [なか] 배가 부르다
- **おしゃれだ** 멋지다, 세련되다

- **どう** 어떻게
- **ゆっくり** ① 천천히, 느긋하게
  ② 충분히, 여유 있게
- **早く** [はやく] 빨리
- **久しぶりに** [ひさ] 오랜만에

- **なにか** 무언가
- **なにも** 아무것도 (뒤에 부정 수반)
- **どこか** 어딘가
- **どこも** 어디도 (뒤에 부정 수반)

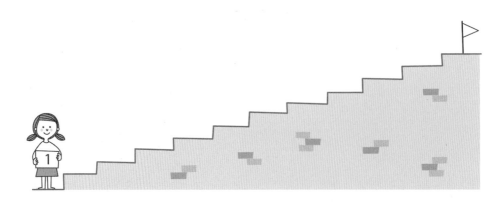

▶ **N + が ほしい** : N을/를 갖고 싶다/원하다, N이/가 있으면 좋겠다

車（くるま）
お金（かね）
ねこ
恋人（こいびと）
時間（じかん）

が ほしいです。

※「ほしい」는 い형용사이므로 다음과 같이 활용한다.

현재		과거	
ほしいです 갖고 싶습니다	ほしく ないです 갖고 싶지 않습니다	ほしかったです 갖고 싶었습니다	ほしく なかったです 갖고 싶지 않았습니다

❘ 긍정

私（わたし）は ノートパソコンが ほしいです。(현재)

ほしかったです。(과거)

❘ 부정

私（わたし）は なにも ほしく ないです。(현재)

ほしく なかったです。(과거)

恋人（こいびと） 애인, 연인

なにも 아무것도

문법 노트

▶ V(ます형) + たい : ~(하)고 싶다

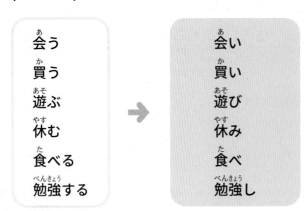

会う
買う
遊ぶ
休む
食べる
勉強する

➡

会い
買い
遊び
休み
食べ
勉強し

たいです。

※「たい」는 조동사이지만, い형용사와 같이 활용한다.

	현재		과거
~たいです ~(하)고 싶습니다	**~たく ないです** ~(하)고 싶지 않습니다	**~たかったです** ~(하)고 싶었습니다	**~たく なかったです** ~(하)고 싶지 않았습니다

▌긍정

私は ケーキを(が) 食べたいです。(현재)
　　　　　　　 食べたかったです。(과거)

※ 1인칭, 2인칭의 희망 표현 '~을/를 ~(하)고 싶다'에서 희망의 대상을 나타내는 조사는 원칙적으로 「が」를 사용하지만, 최근에는 「を」를 사용하는 경우가 더 많다.

▌부정

私は なにも 食べたく ないです。(현재)
　　　　　　食べたく なかったです。(과거)

▶ V/N + に行く・来る：~(하)러 가다·오다

| V(ます형) + に行く・来る

買い
遊び
見
迎え
勉強し

に行きます。

| N(동작성명사) + に行く・来る

買い物
旅行
出張

に行きます。

迎える 맞다, 맞이하다
買い物 쇼핑
旅行 여행

🎧 01-02

| N | がほしいです。 |

~을/를 갖고 싶습니다/원합니다.

✏️ 例 新しい けいたい

A : 今 何が ほしいですか。

B : 新しい けいたいが ほしいです。

① 　② 　③ 　④

① 小さい バッグ

→ _____

② 日本人の 友だち

→ _____

③ おしゃれな めがね

→ _____

おしゃれだ 멋지다,
세련되다

めがね 안경

④ かわいい ねこ

→ _____

🎧 01-03

장소 へ | V(ます형)・N に 行きます。| ~에 ~(하)러 갑니다.
V(ます형)・N に 来ました。| ~에 ~(하)러 왔습니다.

✏️ 🔊 図書館 / 本を 借りる

→ 図書館へ 本を 借りに 行きます。

→ 図書館へ 本を 借りに 来ました。

図書館 도서관
借りる 빌리다

① 空港 / 友だちを 迎える

→ _____

→ _____

空港 공항

② 友だちの 家 / 遊ぶ

→ _____

→ _____

③ 京都 / 旅行

→ _____

→ _____

京都 교토

④ デパート / 服を 買う

→ _____

→ _____

服 옷

💬✏️ 문형 연습

🎧 01-04

> **V**(ます형) **たいです。**　　　　　　　　　~(하)고 싶습니다.
>
> **V**(ます형) **たく ないです。**　　　　　　~(하)고 싶지 않습니다.

✏️ **예1** 友_{とも}だちに 会_あう

　　A : 今_{いま} どう したいですか。

　　B1 : 友_{とも}だちに 会_あいたいです。

　　B2 : 友_{とも}だちに 会_あいたく ないです。

○ どう 어떻게

① ゆっくり 寝_ねる

　　→ _____

○ ゆっくり
　　① 천천히, 느긋하게
　　② 충분히, 여유 있게

② コーヒーを 飲_のむ

　　→ _____

③ 会社_{かいしゃ}へ 行_いく

　　→ _____

○ 会社_{かいしゃ} 회사

④ 早_{はや}く 結婚_{けっこん}する

　　→ _____

○ 早_{はや}く 빨리
　　結婚_{けっこん}する 결혼하다

20

예 2 1) お腹が すきましたから、なにか 食べたいです。

（食べる）

2) お腹が いっぱいですから、なにも 食べたく ないです。

（食べる）

① のどが かわきましたから、なにか _____

（飲む）

② 寒いですから、どこも _____

（行く）

③ 休みですから、どこか _____

（行く）

④ 疲れましたから、なにも _____

（やる）

お腹が すく
배가 고프다

なにか 무언가

お腹が いっぱいだ
배가 부르다

のどが かわく
목이 마르다

どこも 어디도

どこか 어딘가

やる 하다

01 🎧 01-05

😊 キムさん、今週の 土曜日に 映画を 見に 行きませんか。

😊 いいですね。行きましょう。どんな 映画が 見たいですか。

😊 久しぶりに 韓国映画が 見たいですね。

😊 韓国映画が 好きですか。

😊 はい、大好きです。

今週 이번 주
久しぶりに 오랜만에

22

02 🎧 01-06

👦 もしもし。

👧 はい、木村です。

👦 木村さん、今 どこですか。

👧 今 空港ですよ。

👦 えっ、空港ですか。どこか 旅行に 行きますか。

👧 いいえ、友だちを 迎えに 来ました。

03 🎧 01-07

👦 お腹が すきましたね。

👧 そうですね。

👦 なにか 食べませんか。

👧 はい、私は ラーメンが 食べたいです。

연습 문제

1. ( ) 안에서 적당한 말을 고르세요.

① 自転車(が / を) ほしいです。

② 今日は 早く (帰り / 帰) たいです。

③ A : 田中さんは 何を 食べますか。

    B : 私は (なにが / なにも) 食べたく ないです。

④ 明日 家に 遊び(に / を) 来ませんか。

⑤ 京都へ 旅行 (を / に) 行きたいです。

2. 다음 질문에 답하세요.

① Q : 今 何が 一番 ほしいですか。

    A : _____

② Q : 子どもの 時、何が 一番 ほしかったですか。

    A : _____

③ Q : 今週の 土曜日、何を したいですか。

    A : _____

④ Q : どこへ 旅行に 行きたいですか。

    A : _____

時 때

3. 다음 문장을 일본어로 작문하세요.

① 저는 귀여운 고양이를 갖고 싶습니다.

→ _____

② 피곤하니까 아무것도 하고 싶지 않습니다.

→ _____

③ 배가 고프네요.

→ _____

④ 이번 주 토요일에 영화를 보러 가지 않겠습니까?

→ _____

1. 다음 한자를 히라가나로 쓰세요.

① 恋人	( )	② お腹	( )
③ 空港	( )	④ 服	( )
⑤ 買い物	( )	⑥ 旅行	( )
⑦ 図書館	( )	⑧ 時	( )
⑨ 今週	( )	⑩ 借りる	( )
⑪ 迎える	( )	⑫ 結婚する	( )

⑬ 久しぶりに
　　　　　( )

2. 다음 단어를 일본어로 쓰세요.

① 목	( )	② 안경	( )
③ 하다	( )	④ 가득차다	( )
⑤ 어딘가	( )	⑥ 어떻게	( )
⑦ 천천히	( )	⑧ 빨리	( )
⑨ 무언가	( )	⑩ 아무것도	( )
⑪ 멋지다, 세련되다		⑫ 어디도	( )
( )			

お邪魔します

「邪魔」는 '방해'라는 뜻으로 「お邪魔します」를 직역하면 '방해하겠습니다'라는 의미인데, 사용하는 장면을 생각하면 우리말로 '실례하겠습니다' 정도가 되겠네요. 이 말은 친구네 집이나 이웃집 등 남의 집을 방문했을 때, 현관에서 신발을 벗고 집 안으로 들어가면서 쓰는 인사말입니다. 즉, 이 말은 상대방의 개인적인 공간에서의 개인적인 시간을 방해하는 것에 대해 양해를 구하는 데서 비롯한 인사말이라고 할 수 있겠습니다. 또, 다음과 같이 상황에 따라 조금씩 형태를 바꾸어 응용할 수 있습니다.

▶ お邪魔します。

남의 집을 방문해 현관에서 신발을 벗고 올라가면서 '실례하겠습니다'라는 의미로 말합니다.

▶ お邪魔しています。

친구네 집에 방문해 놀고 있는데, 외출했던 부모님이 돌아오시거나 하면 '실례하고 있습니다'라는 의미로 인사합니다.

▶ お邪魔しました。

방문했던 집에서 나올 때 '실례했습니다'라는 의미로 인사를 합니다.

02

すみませんが、写真を とって ください。

しゃしん

학습 목표
1. 동사의 て형 활용법을 이해한다.
2. 부드러운 명령·지시·의뢰의 표현을 사용할 수 있다.

새로운 어휘

 Word&expression

🎧 02-01

- お風呂 목욕통(욕조)
- 音楽 음악
- ゲーム 게임
- ボタン 버튼
- ジム 짐(gym), 체육관, 헬스클럽
- 渋谷 시부야 (도쿄 지명)
- 毎晩 매일 밤, 매일 저녁

- 急ぐ 서두르다
- 入れる 넣다
- 教える 가르치다
- 押す ① 누르다 ② 밀다
- 書く 쓰다
- 貸す 빌려주다
- がんばる 열심히 하다, 힘내다
- 聞く ① 듣다 ② 묻다
- 死ぬ 죽다
- 乗る 타다
  - * ~に 乗る ~을/를 타다

- 乗り換える 갈아타다
  - * ~に 乗り換える ~을/를 갈아타다
- 入る (예외1) 들어가다/오다
  - * お風呂に 入る 목욕하다
- 話す 이야기하다
- 運動する 운동하다
- わかる 알다, 이해하다

- いつも 항상, 언제나
- たくさん 많이
- まだ 아직

- あれ 어, 어머나 (놀라거나 이상해하거나 할 때 내는 소리)

- ~で ~(으)로 (수단·방법)
  - * 日本語で 話す 일본어로 이야기하다

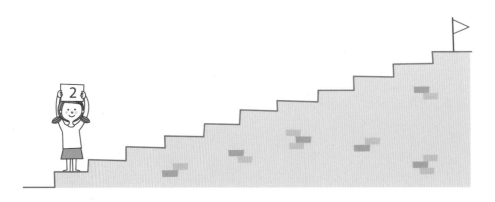

30

▶ 동사의 「て형」

동사에 「て(~하고, ~해서)」를 연결할 때의 어미 변화 형태를 동사의 「て형」이라고 한다. 1그룹 동사는 어미의 형태에 따라 다음의 4가지 형태로 활용되며, 2·3그룹 동사는 「ます형」과 「て형」이 같다.

▌1그룹 동사

－う
－つ ➡ っ ＋て
－る

例 会う → 会っ＋て
待つ → 待っ＋て
乗る → 乗っ＋て

－く ➡ い ＋ て
－ぐ   で

例 書く → 書い＋て
急ぐ → 急い＋で
※ 예외 行く → 行っ＋て

－ぬ
－ぶ ➡ ん ＋で
－む

例 死ぬ → 死ん＋で
遊ぶ → 遊ん＋で
飲む → 飲ん＋で

－す ➡ し ＋て

例 話す → 話し＋て

▌2·3그룹 동사

ます형 ＝ て형

例 見る － 見ます － 見て
する － します － して
来る － 来ます － 来て

死ぬ 죽다

문법 노트

동사의 「て형」 활용 연습

1그룹 동사		2그룹 동사	
예 会う 만나다	会って	예 見る 보다	見て
休む 쉬다		食べる 먹다	
待つ 기다리다		寝る 자다	
飲む 마시다		起きる 일어나다	
遊ぶ 놀다		乗り換える 갈아타다	
* 行く 가다		教える 가르치다	
乗る 타다		入れる 넣다	
聞く 듣다, 묻다		3그룹 동사	
がんばる 열심히 하다		来る 오다	
急ぐ 서두르다		する 하다	
貸す 빌려주다		運動する 운동하다	
話す 이야기하다			
押す 누르다, 밀다			
* 帰る (예외1) 돌아가다/오다			
* 入る (예외1) 들어가다/오다			

▶ V(て형) + て いる : ~(하)고 있다 (진행)

聞い
<ruby>勉強<rt>べんきょう</rt></ruby>し
<ruby>寝<rt>ね</rt></ruby>
<ruby>食<rt>た</rt></ruby>べ
<ruby>遊<rt>あそ</rt></ruby>ん

て(で) います。

▶ V(て형) + て ください : ~해 주세요/하세요

부탁 · 명령 · 지시나 상대방에게 음식 등을 권할 때 사용한다.

<ruby>待<rt>ま</rt></ruby>っ
<ruby>書<rt>か</rt></ruby>い
がんばっ
<ruby>貸<rt>か</rt></ruby>し
<ruby>食<rt>た</rt></ruby>べ
<ruby>急<rt>いそ</rt></ruby>い

て(で) ください。

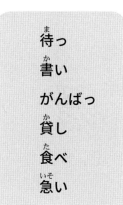  

<ruby>聞<rt>き</rt></ruby>く ① 듣다 ② 묻다
<ruby>書<rt>か</rt></ruby>く 쓰다
がんばる
　　열심히 하다, 힘내다
<ruby>貸<rt>か</rt></ruby>す 빌려주다
<ruby>急<rt>いそ</rt></ruby>ぐ 서두르다

🎧 02-02

V(て형) <u> </u> て、 V(て형) <u> </u> て、 V(ます형) <u> </u> ます。

~하고/해서, ~하고/해서, ~합니다.

✏️ 예

ろくじ お
6時に 起きる

あさ た
朝ごはんを 食べる

がっこう い
学校へ 行く

ろくじ お   あさ   た   がっこう い
→ 6時に 起きて、朝ごはんを 食べて、学校へ 行きます。

①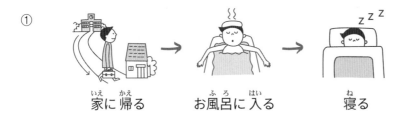

いえ かえ
家に 帰る

ふ ろ はい
お風呂に 入る

ね
寝る

→ _____

ふ ろ はい
お風呂に 入る
목욕하다

②

とも あ
友だちに 会う

えい が み
映画を 見る

しょくじ
食事を する

→ _____

③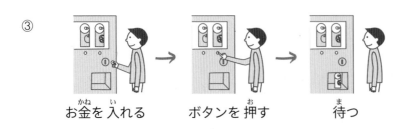

かね い
お金を 入れる

お
ボタンを 押す

ま
待つ

→ _____

い
入れる 넣다

ボタン 버튼

お
押す 누르다, 밀다

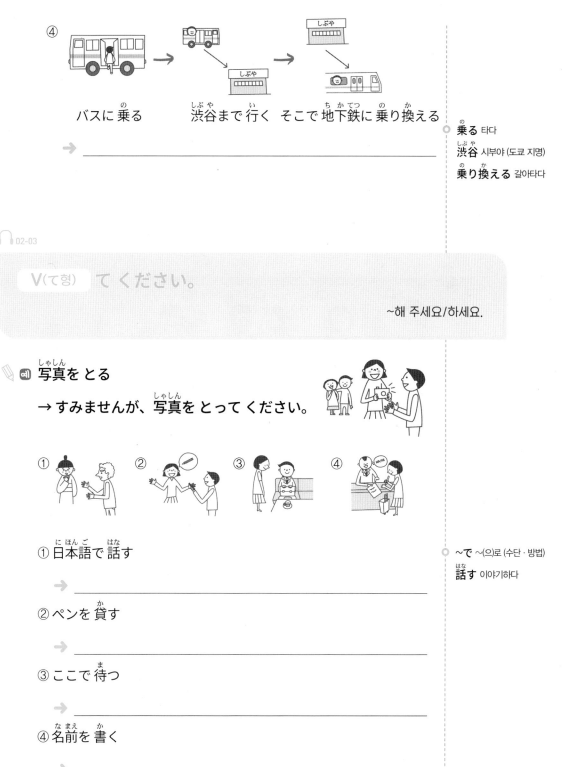

④

バスに乗る　　渋谷まで行く　そこで地下鉄に乗り換える

乗る 타다
渋谷 시부야 (도쿄 지명)
乗り換える 갈아타다

→ _____

🎧 02-03

V(て형) て ください。

~해 주세요/하세요.

✏ 예 写真を とる

→ すみませんが、写真を とって ください。

① ② ③ ④

① 日本語で 話す

~で ~(으)로 (수단·방법)
話す 이야기하다

→ _____

② ペンを 貸す

→ _____

③ ここで 待つ

→ _____

④ 名前を 書く

→ _____

문형 연습

🎧 02-04

V(て형) + ています。

~(하)고 있습니다.

📝 **예1** 寝る

A：今何を して いますか。

B：寝て います。

① ② ③ ④

① 音楽を 聞く

→ _____

音楽 음악

② 本を 読む

→ _____

③ 友だちと 話す

→ _____

④ ゲームを する

→ _____

ゲーム 게임

例2 いつも 音楽を 聞く

→ いつも 音楽を 聞いて います。

いつも 항상, 언제나

 ① ② ③  ④

① 毎朝 新聞を 読む

→ _____

② 毎日 ジムで 運動する

→ _____

ジム 체육관, 헬스클럽
運動する 운동하다

③ 毎晩 ビールを 飲む

→ _____

毎晩 매일 밤, 매일 저녁

④ 毎日 日本の ドラマを 見る

→ _____

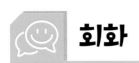 **회화**

01 🎧 02-05

おはようございます。

おはようございます。あれ、他の 人たちは。↗

山田さんと 鈴木さんは まだ 寝て います。

そうですか。田中さんは。↗

食堂で 朝ごはんを 食べて います。

あれ 어, 어머나

まだ 아직

38

02 🎧 02-06

🗨 すみませんが、写真^{しゃしん}を とって ください。

🗨 はい。

🗨 ここを 押^おして ください。

🗨 はい、わかりました。では、とります。

🗨 ありがとうございました。

わかる 알다, 이해하다

연습 문제

1. ( ) 안에서 적당한 말을 고르세요.

　1. 昨日 友だち (に / を) 会って 映画を 見ました。

　2. 早く 家に (帰て / 帰って) 休みたいです。

　3. 時間が ありませんから、(急いで / 急って) ください。

　4. 渋谷で 地下鉄 (を / に) 乗って ください。

　5. バスで (行って / 行いて) ください。

2. 그림을 보고 보기에서 적당한 단어를 골라 문장을 완성하세요.

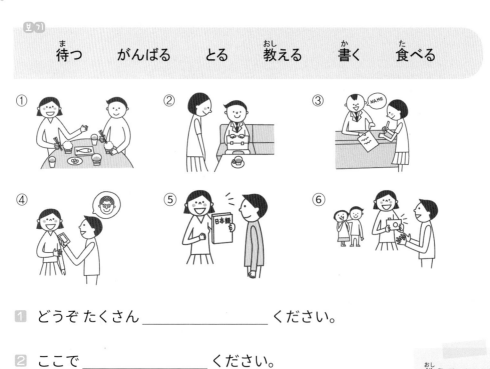

　1. どうぞ たくさん _____ ください。

　2. ここで _____ ください。

教える 가르치다
たくさん 많이

③ ここに 名前を ＿＿＿＿＿＿＿＿ ください。

④ 田中さんの 電話番号を ＿＿＿＿＿＿＿ ください。

⑤ 日本語の 勉強、＿＿＿＿＿＿＿ ください。

⑥ すみませんが、写真を ＿＿＿＿＿＿＿ ください。

3. 다음 질문에 대답하세요.

① Q：あなたは 今 何を して いますか。

A：＿＿＿＿＿＿＿＿＿＿＿＿＿＿＿＿＿＿＿

② Q：あなたは 家に 帰って、何を しますか。

A：＿＿＿＿＿＿＿＿＿＿＿＿＿＿＿＿＿＿＿

4. 다음 문장을 일본어로 작문하세요.

① 매일 아침 신문을 읽고 있습니다.

➜ ＿＿＿＿＿＿＿＿＿＿＿＿＿＿＿＿＿＿

② 6시에 일어나서, 아침밥을 먹고, 학교에 갑니다.

➜ ＿＿＿＿＿＿＿＿＿＿＿＿＿＿＿＿＿＿

③ 시간이 없으니까, 서둘러 주세요.

➜ ＿＿＿＿＿＿＿＿＿＿＿＿＿＿＿＿＿＿

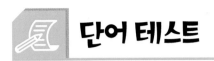

1. 다음 한자를 히라가나로 쓰세요.

1 お風呂 　(　　　　) 　　2 音楽 　　(　　　　)

3 渋谷 　　(　　　　) 　　4 急ぐ 　　(　　　　)

5 入れる 　(　　　　) 　　6 教える 　(　　　　)

7 押す 　　(　　　　) 　　8 書く 　　(　　　　)

9 貸す 　　(　　　　) 　　10 聞く 　　(　　　　)

11 死ぬ 　　(　　　　) 　　12 乗る 　　(　　　　)

13 乗り換える (　　　　) 　　14 入る 　　(　　　　)

15 話す 　　(　　　　) 　　16 運動する (　　　　)

17 毎晩 　　(　　　　)

2. 다음 단어를 일본어로 쓰세요.

1 게임 　　　(　　　　) 　　2 버튼 　　　(　　　　)

3 gym, 헬스클럽 (　　　　) 　　4 항상, 언제나 (　　　　)

5 많이 　　　(　　　　) 　　6 알다, 이해하다
　　　　　　　　　　　　　　　　　 (　　　　)

7 열심히 하다, 힘내다
　　　　　 (　　　　)

착용 표현

일본어 착용에 관한 동사에는 「着る(입다), はく(입다, 신다), かぶる((머리 등에)쓰다), かける((안경 등을)쓰다), する(하다), しめる(매다)」 등이 있으며, 「〜て いる」의 형태로 표현합니다.

예를 들어, 상의의 경우에는 주로 「着る」를 사용하여 「着て いる」라고 말하며, 하의나 신발의 경우에는 「はく」를 사용하여 「はいて いる」라고 말합니다.

그럼 착용에 관한 다양한 표현에 대해 알아볼까요?

眼鏡を かけて います。
안경을 쓰고 있습니다.

帽子を かぶって います。
모자를 쓰고 있습니다.

イヤリングを して います。
귀걸이를 하고 있습니다.

シャツを 着て います。
셔츠를 입고 있습니다.

Tシャツを 着て います。
티셔츠를 입고 있습니다.

ベルトを して います。
벨트를 하고 있습니다.

スカートを はいて います。
치마를 입고 있습니다.

ズボンを はいて います。
바지를 입고 있습니다.

靴を はいて います。
구두를 신고 있습니다.

スニーカーを はいて います。
운동화를 신고 있습니다.

▶ 着る 입다

コート 코트

スーツ 정장

ワンピース 원피스

▶ はく 입다/신다

ジーンズ 청바지

靴下 양말

▶ する 하다

ネックレス 목걸이

時計 시계

▶ する/しめる 하다/매다

ネクタイ 넥타이

03

この靴^{くっ}を はいて みても いいですか。

학습 목표
1. 동사의 て형을 이용한 다양한 문형을 익힌다.
2. 허가 및 금지 표현을 이해하고 상황에 맞게 사용할 수 있다.

🎧 03-01

· ガム 껌	· かむ 씹다
· 靴(くつ) 구두	* ガムを かむ 껌을 씹다
· 喫煙所(きつえんじょ) 흡연소	· 調(しら)べる 조사하다, 검토하다
· 手(て) 손	· 知(し)る (예외1) 알다
· サイズ 사이즈	· 座(すわ)る 앉다
· センチ 센티(미터)	· 使(つか)う 사용하다
· 授業(じゅぎょう) 수업	· はく (구두, 양말을) 신다
· ～中(ちゅう) ～중	· 見(み)せる 보이다, 보도록 하다
* 授業中(じゅぎょうちゅう) 수업 중	· だめだ 안 된다, 좋지 않다
· 一度(いちど) 한번	· 本当(ほんとう)だ 정말이다, 진짜이다
· 洗(あら)う 씻다, 닦다	* 本当(ほんとう)に 정말로, 굉장히
· 歩(ある)く 걷다	· また 또, 다시
· 運転(うんてん)する 운전하다	· もちろん 물론
· 終(お)わる 끝나다	

🎧 03-02

· わかりました。	알겠습니다.
· かしこまりました。	알겠습니다. (「わかりました」보다 정중한 표현)
· こちらに なります。	여기 있습니다. (가게 등에서 물건을 소개하거나 꺼내주며 하는 말)
· いかがですか。	어떻습니까? (「どうですか」보다 정중한 표현)
· どの くらいでしょうか。	어느 정도일까요? (불확실한 것에 대한 질문)

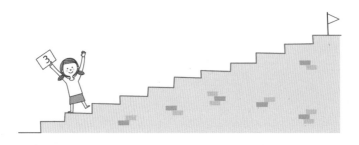

▶ V (て형) + てから : ~한 후에/뒤에

手を 洗っ お風呂に 入っ 宿題を し 少し 休ん	て(で)から	ご飯を 食べます。 寝ます。 遊びに 行きます。 また 勉強を します。

▶ V (て형) + て みる : ~해 보다

やっ 読ん	て(で) みます。

※ 「Vて みる」는 「Vて みます(~해 보겠습니다), Vて みたいです(~해 보고 싶습니다),
Vて みて ください(~해 보세요)」 등 다양한 형태로 사용된다.

✎ Vて みる 연습

例 やる	やって みます。 やって みたいです。 やって みて ください。	해 보겠습니다. 해 보고 싶습니다. 해 보세요.
① 使う		
② 飲む		
③ 食べる		

手 손
洗う 씻다, 닦다
また 또, 다시
使う 사용하다

 **문법 노트**

▶ 허가/금지 표현

V(て형) + ても いいです(か) : ~해도 됩니다(~해도 됩니까?)

Q
> たばこを 吸っ
> 少し 休ん
て(で)も いいですか。

A はい、どうぞ。/ いいえ、だめです。

V(て형) + ては いけません : ~하면 안 됩니다

> たばこを 吸っ
> 休ん
て(で)は いけません。

> だめだ 안 된다,
> 좋지 않다

🔊 허가 / 금지 표현 연습

다음 그림을 보고 예와 같이 말해 봅시다.

예 吸っても いいです。

예 吸う　　　① 話す　　　② 食べる　　　③ 写真を とる

예 吸っては いけません。

예 吸う　　　① 話す　　　② 食べる　　　③ 写真を とる

48

▶ **V(ます形) + ながら** : ~하면서 (동시동작)

> テレビを 見
> 音楽を 聞き
> たばこを 吸い
>
> ながら
>
> 食事を します。
> 勉強を します。
> 歩きます。

✎ V(ますੱ)ながら 연습

다음 그림을 보고 예와 같이 써 봅시다.

> 예 テレビを 見る / 食事を する
> → テレビを 見ながら 食事を します。

예 ① ② ③

① コーヒーを 飲む / 新聞を 読む

→ _____

② ガムを かむ / 運転する

→ _____

③ アルバイトを する / 勉強を する

→ _____

> 歩く 걷다
> ガム 껌
> かむ 씹다
> 運転する 운전하다

🎧 03-03

いつも　V(て형) 　てから、　V(ます형) 　ます。

항상 ~한 후에/뒤에 ~합니다.

✏ 📄 手を 洗う / ご飯を 食べる

→ いつも 手を 洗ってから、ご飯を 食べます。

① 宿題を する / テレビを 見る

　➡ ＿＿＿＿＿＿＿＿＿＿＿＿＿＿＿＿＿＿＿＿

② 仕事が 終わる / ビールを 飲む

　➡ ＿＿＿＿＿＿＿＿＿＿＿＿＿＿＿＿＿＿＿＿

終わる 끝나다

③ お風呂に 入る / 食事を する

　➡ ＿＿＿＿＿＿＿＿＿＿＿＿＿＿＿＿＿＿＿＿

④ よく 調べる / 買い物を する

　➡ ＿＿＿＿＿＿＿＿＿＿＿＿＿＿＿＿＿＿＿＿

調べる 조사하다,
　　　 검토하다

🎧 03-04

> V(て형) 　て みます。
>
> ~해 보겠습니다.

おいしいですよ。

便利ですよ。

この 本は おもしろいですよ。

日本語の 勉強は 楽しいですよ。

예

① ② ③

✏️ 예 食べる

　→ じゃ、食べて みます。

① 使う

　→ ＿＿＿＿＿＿＿＿＿＿＿＿＿＿＿＿＿＿＿＿＿＿＿＿

② 読む

　→ ＿＿＿＿＿＿＿＿＿＿＿＿＿＿＿＿＿＿＿＿＿＿＿＿

③ やる

　→ ＿＿＿＿＿＿＿＿＿＿＿＿＿＿＿＿＿＿＿＿＿＿＿＿

🎧 03-05

V(て형) **ても いいですか。**

~해도 됩니까?

📖 예 今トイレに 行く

A : 今 トイレに 行っても いいですか。

B : はい、どうぞ。

① 写真を とる

→ _____

② ちょっと 休む

→ _____

③ この 靴を はいて みる

→ _____

靴 구두

はく 신다

はいて みる 신어 보다

④ ここに 座る

→ _____

座る 앉다

🎧 03-06

V(ます형) ながら V(て형) ては いけません。

~하면서 ~해서는 안 됩니다.

✏️ 예 テレビを 見る / ご飯を 食べる

→ テレビを 見ながら ご飯を 食べては いけません。

① ② ③ ④

① 電話をする / 運転する

➡ _____

② 食べる / 話す

➡ _____

③ 歩く / スマートフォンを 使う

➡ _____

④ ガムを かむ / 先生の 話を 聞く

➡ _____

회화

🎧 03-07

いらっしゃいませ。

この 靴(くつ) かわいいですね。 ちょっと 見(み)せて ください。

はい、 かしこまりました。

いかがですか。

本当(ほんとう)に かわいいですね。

ちょっと はいて みても いいですか。

はい、 もちろんです。 サイズは どの くらいでしょうか。

２４(にじゅうよん)センチです。

はい、 こちらに なります。

見(み)せる 보이다
本当(ほんとう)に 정말로, 굉장히
もちろん 물론
サイズ 사이즈
センチ 센티(미터)

54

02 🎧 03-08

👮 あの、ここでは 歩きながら たばこを 吸っては いけません。

🧑 あ、そうですか。知りませんでした。

👮 あそこの 喫煙所で 吸って ください。

🧑 はい、わかりました。どうも すみませんでした。

知る 알다
喫煙所 흡연소

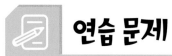

연습 문제

1. (　　　) 안에서 적당한 말을 고르세요.

　① 毎晩 仕事が (終わり / 終わって) から ビールを 飲みます。

　② その コーヒーを 一度 (飲んで / 飲み) みたいです。

　③ この ペンを (借りても / 借りては) いいですか。

　④ ここで たばこを (吸っても / 吸っては) いけません。

　⑤ コーヒーを (飲む / 飲み) ながら 話しましょうか。

2. 그림을 보고 보기에서 적당한 말을 골라 문장을 완성하세요.

> 보기
>
> けいたいを 使う　　寝る　　友だちと 話す　　パンを 食べる

　① 授業中に、＿＿＿＿＿＿＿＿＿＿＿＿＿＿ては いけません。

　② 授業中に、＿＿＿＿＿＿＿＿＿＿＿＿＿＿ては いけません。

　③ 授業中に、＿＿＿＿＿＿＿＿＿＿＿＿＿＿ては いけません。

　一度 한번
　授業 수업
　~中 ~중

　④ 授業中に、＿＿＿＿＿＿＿＿＿＿＿＿＿＿ては いけません。

3. 다음 질문에 대답하세요.

1 Q : この 授業が 終わってから 何を しますか。

A : _____

2 Q : 一度 食べて みたい 食べ物は 何ですか。

A : _____

3 Q : 一度 会って みたい 人が いますか。

A : _____

4. 다음 문장을 일본어로 작문하세요.

1 항상 음악을 들으면서 공부를 합니다.

→ _____

2 지금 화장실에 가도 됩니까?

→ _____

3 여기에서 담배를 피우면 안 됩니다.

→ _____

4 이 구두를 신어 봐도 됩니까?

→ _____

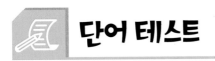

1. 다음 한자를 히라가나로 쓰세요.

　① 靴　　　(　　　　　　)　　② 喫煙所　(　　　　　　)

　③ 手　　　(　　　　　　)　　④ 授業　　(　　　　　　)

　⑤ 一度　　(　　　　　　)　　⑥ 本当だ　(　　　　　　)

　⑦ 洗う　　(　　　　　　)　　⑧ 歩く　　(　　　　　　)

　⑨ 運転する(　　　　　　)　　⑩ 終わる　(　　　　　　)

　⑪ 調べる　(　　　　　　)　　⑫ 知る　　(　　　　　　)

　⑬ 座る　　(　　　　　　)　　⑭ 使う　　(　　　　　　)

　⑮ 見せる　(　　　　　　)

2. 다음 단어를 일본어로 쓰세요.

　① 껌　　　(　　　　　　)　　② 사이즈　(　　　　　　)

　③ 센티　　(　　　　　　)　　④ 또, 다시　(　　　　　　)

　⑤ 안 된다　(　　　　　　)　　⑥ 물론　　(　　　　　　)

　⑦ 신다　　(　　　　　　)

いい

　い형용사「いい」는 '좋다'라는 의미 이외에도, 상황에 따라 '필요 없다, 물론이다, 부럽다' 등 다양한 의미로 사용됩니다. 다음 그림을 보고「いい」가 각각 어떠한 의미로 사용되고 있는지 알아 봅시다.

その 靴 とても いいですね。よく 似合います。
그 구두 아주 좋네요. 잘 어울려요.

A : もう 一杯 どうですか。 한잔 더 하시겠어요?
B : いえ、もう いいです。 아니요, 이제 됐어요.

A : この パン 食べても いいですか。
　　이 빵 먹어도 돼요?
B : いいですよ。 좋아요.

A : 明日 旅行に 行きます。 내일 여행 갈 거예요.
B : へえ、いいですねえ。 와, 좋겠네요.

04

マッコリを飲んだ ことが ありますか。

학습 목표　1. 동사의 보통체 과거형인 た형의 활용법을 익힌다.
　　　　　　　2. た형을 활용한 다양한 문형을 익혀 자신의 경험이나
　　　　　　　　 일상에 대해 표현할 수 있도록 한다.

🎧 04-01

- 馬 (うま) 말
- 大声 (おおごえ) 큰 목소리
- 冗談 (じょうだん) 농담
- サムギョプサル 삼겹살
- 弁当 (べんとう) 도시락
- マッコリ 막걸리
- カラオケ 노래방
- パチンコ 슬롯머신
- レストラン 레스토랑
- 東京スカイツリー (とうきょう) 도쿄 스카이 트리
- メール 메일
- 冬休み (ふゆやす) 겨울 방학
  - * 春 봄 (はる) / 夏 여름 (なつ) / 秋 가을 (あき) / 冬 겨울 (ふゆ)
- キックボード 킥보드
- 散歩 (さんぽ) 산책
- ボール遊び (あそ) 공놀이

- シャワー 샤워
  - * シャワーを浴びる (あ) 샤워하다

- 歌う (うた) 노래하다
- 洗濯する (せんたく) 세탁하다, 빨래하다
- 掃除する (そうじ) 청소하다
- 走る (はし) (예외1) 달리다, 뛰다

- 一度も (いちど) 한 번도
- 何度も (なんど) 몇 번이나, 여러 번
- 実は (じつ) 실은, 사실은
- でも 그래도, 하지만
- ところで 그런데 (화제 전환)
  - * 회화에서는 「で」로 축약되는 경우도 있음.

- ~ので ~(이)므로, ~때문에 (원인 · 계기)

문법 노트

▶ 동사의 「た형」

　동사에 「た(~했다, ~했었다)」를 연결할 때의 어미 변화 형태를 동사의 「た형」이라고
한다. 동사의 보통체 과거형이며(정중체 과거형은 「~ました」), 각 어미의 활용 형태는
「て형」과 동일하다.

		て형 (~하고, ~해서)	た형 (~했다)	
1그룹	会^あう 書^かく 死^しぬ 話^{はな}す	会^あって 書^かいて 死^しんで 話^{はな}して	会^あった 書^かいた 死^しんだ 話^{はな}した	만났다 썼다 죽었다 이야기했다
2그룹	見^みる 食^たべる	見^みて 食^たべて	見^みた 食^たべた	봤다 먹었다
3그룹	する 来^くる	して 来^きて	した 来^きた	했다 왔다

✎ た형 활용 연습

1그룹 동사		2그룹 동사
会^あう 만나다	会^あった	見^みる 보다
聞^きく 듣다, 묻다		食^たべる 먹다
飲^のむ 마시다		教^{おし}える 가르치다
話^{はな}す 이야기하다		3그룹 동사
*走^{はし}る (예외1) 달리다		来^くる 오다
*行^いく 가다		料理^{りょうり}する 요리하다

 **문법 노트**

▶ V(た형) + **た こ と が あ る** : ~한 적이 있다

Q
日本_{に ほん}に 行_いっ
なっとうを 食_たべ   た(だ) ことが ありますか。
マッコリを 飲_のん

A はい、あります。/ いいえ、まだ ありません。

Vた ことが ある 연습

다음 그림을 보고 예와 같이 말해 봅시다. 옆 친구와 묻고 답해 보세요.

マッコリを 飲_のむ
→ マッコリを 飲_のんだ ことが ありますか。

① キックボードに 乗_のる

② そばを 食_たべる

③ 日本_{に ほん}の 音楽_{おん がく}を 聞_きく

④ 日本人_{に ほん じん}と 話_{はな}す

マッコリ 막걸리

キックボード
킥보드

64

▶ V(た형)た / Nの + 後(で) : ~한 후에/뒤에

仕事が 終わった
仕事の

後で

ビールを 飲みます。

▶ V(사전형) / Nの + 前に : ~하기 전에

ご飯を 食べる
食事の

前に

手を 洗います。

▶ V(た형) + たり、 V(た형) + たり します : ~하거나 ~하거나 합니다

여러 가지 일을 할 때, 그중 2~3가지를 예를 들어 설명하는 표현이다.

散歩に 行っ
友だちに 会っ
本を 読ん

たり(だり)、

勉強し
音楽を 聞い
テレビを 見

たり(だり) します。

散歩 산책

🎧 04-02

V(た형) **た ことが ありますか。**

~한 적이 있습니까?

✏ 예1 すしを 食べる / 何度も

A:すしを 食べた ことが ありますか。

B:はい、何度も あります。

✏ 예2 東京スカイツリーを 見る / 一度も

A:東京スカイツリーを 見た ことが ありますか。

B:いいえ、一度も ありません。

① パチンコを する / 一度も

A:＿＿＿＿＿＿＿＿＿＿＿＿＿＿＿＿＿＿＿＿

B:＿＿＿＿＿＿＿＿＿＿＿＿＿＿＿＿＿＿＿＿

② 馬に 乗る / 何度も

A:＿＿＿＿＿＿＿＿＿＿＿＿＿＿＿＿＿＿＿＿

B:＿＿＿＿＿＿＿＿＿＿＿＿＿＿＿＿＿＿＿＿

③ 日本語で メールを 書く / 一度も

A:＿＿＿＿＿＿＿＿＿＿＿＿＿＿＿＿＿＿＿＿

B:＿＿＿＿＿＿＿＿＿＿＿＿＿＿＿＿＿＿＿＿

④ 東京ディズニーシーに 行く / 何度も

A:＿＿＿＿＿＿＿＿＿＿＿＿＿＿＿＿＿＿＿＿

B:＿＿＿＿＿＿＿＿＿＿＿＿＿＿＿＿＿＿＿＿

何度も 몇 번이나
(여러 번)

一度も 한 번도

東京スカイツリー
도쿄 스카이 트리

パチンコ 슬롯머신

馬 말

メール 메일

🎧 04-03

V(た형) た 後(で)   ~한 후에/뒤에

V(사전형) 前に   ~하기 전에

예)

手を 洗う　　食事を する　　勉強を する　　テレビを 見る

②　　　　　　　　　　　　③

仕事を する　　ビールを 飲む　　運動を する　　シャワーを 浴びる　　○ シャワーを 浴びる
샤워하다

✎ 예1 手を 洗った 後で、食事を します。

① _____

② _____

③ _____

✎ 예2 食事を する 前に、手を 洗います。

① _____

② _____

③ _____

🎧 04-04

> V(た형) たり、 V(た형) たり します。
>
> ~하거나 ~하거나 합니다.

✏️ **예1** テレビを 見る / 本を 読む

A : 日曜日は 何を しますか。

B : テレビを 見たり、本を 読んだり します。

① 掃除する / 洗濯する

➡ _____

掃除する 청소하다
洗濯する 세탁하다

② メールを 書く / 音楽を 聞く

➡ _____

③ お酒を 飲む / カラオケに 行く

➡ _____

カラオケ 노래방

④ 映画を 見る / 買い物する

➡ _____

✏️ **예2** 教室 / 食べる / 寝る

→ 教室で 食べたり、寝たり しては いけません。

① 博物館 / 写真を とる / 弁当を 食べる

→ _____

弁当 도시락

② 公園 / ボール遊びを する / キックボードに 乗る

→ _____

ボール遊び 공놀이

③ レストラン / 走る / 歌う

→ _____

レストラン 레스토랑
走る 뛰다
歌う 노래하다

④ 図書館 / 食べ物を 食べる / 大声で 話す

→ _____

大声 큰 목소리

01 🎧 04-05

田中さんは マッコリを 飲んだ ことが ありますか。

はい、もちろんです。実は おいしくて 毎晩 飲んで いますよ。

え、毎晩ですか。

ははは、冗談です。でも、大好きです。

田中さんは 仕事の 後、よく 飲みに 行きますか。

はい、飲みに 行ったり、家で 飲んだり しますね。

もちろん 물론	
実は 실은, 사실은	
冗談 농담	
でも 그래도, 하지만	

02 🎧 04-06

ところで、鈴木さん、今度 一緒に 韓国料理を 食べに 行きませんか。

いいですね。どこに 行きましょうか。

会社の 近くに おいしい 韓国レストランが あります。

サムギョプサルが 本当に おいしいですので、その レストランに

行きましょう。

ところで 그런데

サムギョプサル
삼겹살

〜ので 〜(이)므로、
〜때문에

1. (　　　) 안에서 적당한 말을 고르세요.

　① 馬に (乗って / 乗った) ことが ありますか。

　② A : マッコリを 飲んだ ことが ありますか。

　　B : はい、(あります / 飲みます)。

　③ 掃除を したり、(洗濯を したり / 洗濯を して) します。

　④ (寝る / 寝た) 前に 本を 読みます。

　⑤ 運動を (する / した) 後で シャワーを 浴びます。

2. 다음 예와 같이 보기에서 적당한 말을 골라 대화를 완성하세요.

　예 Q : 先週の 日曜日に 何を しましたか。

　　A : 本を 読んだり、テレビを 見たり しました。

> 보기
>
> | 本を 読む | 日本語の 勉強を する | ご飯を 食べる |
> | 友だちと 話す | シャワーを 浴びる | 旅行に 行く |
> | 散歩する | 運動する | たばこを 吸う |
> | テレビを 見る | トイレに 行く | |

1 Q:毎日、寝る前に何をしますか。

A: _____

2 Q:この授業の後、何をしたいですか。

A: _____

3 Q:冬休みに何をしたいですか。

A: _____

3. 다음 문장을 일본어로 작문하세요.

1 일본인과 이야기한 적이 있습니까?

→ _____

2 밥을 먹기 전에 손을 닦습니다.

→ _____

3 운동 후에 샤워를 합니다.

→ _____

4 책을 읽거나 TV를 보거나 합니다.

→ _____

冬休み 겨울 방학

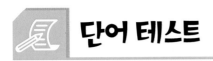

1. 다음 한자를 히라가나로 쓰세요.

1 馬　　　(　　　　　　　)　　2 大声　　(　　　　　　　　　)

3 冗談　　(　　　　　　　)　　4 弁当　　(　　　　　　　　　)

5 冬休み　(　　　　　　　)　　6 散歩　　(　　　　　　　　　)

7 歌う　　(　　　　　　　)　　8 走る　　(　　　　　　　　　)

9 洗濯する (　　　　　　　)　　10 掃除する (　　　　　　　　　)

11 実は　　(　　　　　　　)

2. 다음 단어를 일본어로 쓰세요.

1 삼겹살　(　　　　　　　)　　2 막걸리　(　　　　　　　　　)

3 노래방　(　　　　　　　)　　4 슬롯머신 (　　　　　　　　　)

5 레스토랑 (　　　　　　　)　　6 메일　　(　　　　　　　　　)

7 킥보드　(　　　　　　　)　　8 샤워　　(　　　　　　　　　)

9 그래도, 하지만　　　　　　　10 그런데　(　　　　　　　　　)
　　　　　(　　　　　　　)

한국 음식 명칭

한국 음식이 일본에서는 어떻게 표기되고 불리고 있을까요? 발음과 표기상의 차이로 생기는 한국과 일본의 한국 음식 명칭의 차이에 대해 알아 봅시다.

| マッコリ | チヂミ | ナムル |
| 막걸리 | 부침개 | 나물 |

| ホトック | トッポッキ | ユッケ |
| 호떡 | 떡볶이 | 육회 |

| チャンジャ | カクテキ | キムチチゲ |
| 창난젓 | 깍두기 | 김치찌개 |

| テンジャンチゲ | クッパ | ビビンバ |
| 된장찌개 | 국밥 | 비빔밥 |

05

テストは簡単<ruby>簡単<rt>かんたん</rt></ruby>ですから、心配<ruby>心配<rt>しんぱい</rt></ruby>しないで ください。

학습 목표
1. 동사의 ない형 활용법을 이해한다.
2. 동사의 ない형을 사용하여 금지 표현을 말할 수 있다.

🎧 05-01

- **砂糖** 설탕
- **ドア** 문
- **窓** 창문
- **電気** 전기, 불
- **クーラー** 쿨러(cooler), 에어컨
- **レポート** 리포트
- **提出** 제출
- **ごみ** 쓰레기
- **みんな** 모두

- **開ける** 열다
- **止める** 세우다
- **出す** 제출하다, 내다

- **つける** 켜다
  - *テレビを つける TV를 켜다
  - *クーラーを つける 에어컨을 켜다
  - *電気を つける 불을 켜다
- **心配する** 걱정하다
- **捨てる** 버리다
- **忘れる** ① 잊다 ② (물건을) 잊고 두고 오다/가다
- **遅れる** 늦다, 지각하다
- **言う** 말하다

- **恥ずかしい** 창피하다
- **危ない** 위험하다

문법 노트

Grammar

▶ 동사의 「ない형」

동사에 「ない(~하지 않는다/~하지 않을 것이다)」를 연결할 때의 어미 변화 형태를 동사의 「ない형」이라고 한다.

각 그룹별 어미의 활용 형태는 다음과 같다.

▌1그룹 동사

あ단	い단	う단	え단	お단
あ	い	う	え	お
[a]	[i]	[u]	[e]	[o]
か	き	く	け	こ
[ka]	[ki]	[ku]	[ke]	[ko]
さ	し	す	せ	そ

－u ➡ －a ＋ ない

例 行く → 行か ＋ ない
 (ku)   (ka)

飲む → 飲ま ＋ ない
 (mu)   (ma)

遊ぶ → 遊ば ＋ ない
 (bu)   (ba)

話す → 話さ ＋ ない
 (su)   (sa)

乗る → 乗ら ＋ ない
 (ru)   (ra)

＊ －う → －わ ＋ ない

例 会う → 会わ ＋ ない
 言う → 言わ ＋ ない

＊ ある → ない
 있다   없다

▌2그룹 동사

ます형 ＝ て형 ＝ ない형

例 見る － 見ます － 見て － 見ない
 食べる － 食べます － 食べて － 食べない

▌3그룹 동사

する → し ＋ ない
来る → 来 ＋ ない

문법 노트

동사의 「ない형」 활용 연습

1그룹 동사		2그룹 동사	
예 行^いく 가다	行かない	예 見^みる 보다	見ない
休^{やす}む 쉬다		止^とめる 세우다	
飲^のむ 마시다		食^たべる 먹다	
遊^{あそ}ぶ 놀다		寝^ねる 자다	
* 会^あう 만나다		開^あける 열다	
* 言^いう 말하다		忘^{わす}れる 잊다	
* 吸^すう (담배를) 피우다		入^いれる 넣다	
聞^きく 듣다, 묻다		捨^すてる 버리다	
とる 찍다		遅^{おく}れる 늦다, 지각하다	
* 使^{つか}う 사용하다		**3그룹 동사**	
話^{はな}す 이야기하다		来^くる 오다	
触^{さわ}る 만지다		する 하다	
* 走^{はし}る (예외1) 달리다, 뛰다		心配^{しんぱい}する 걱정하다	
* 入^{はい}る (예외1) 들어가다/오다		勉強^{べんきょう}する 공부하다	

▶ **V(ない형) +** ないで : ~(하)지 않고

行か
勉強し
寝
食べ

ないで

▶ **V(ない형) +** ないで ください : ~(하)지 마세요

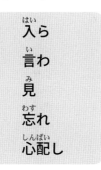

入ら
言わ
見
忘れ
心配し

ないで ください。

※「ください」를 생략하고 「〜ないで」만 쓰면 '〜하지 마'라는 의미가 된다.

🎵 **Vないで ください** 연습

다음 그림을 보고 예와 같이 말해 봅시다.

예 ここで 走る
→ ここで 走らないで ください。

① ごみを 捨てる

② 写真を とる

③ たばこを 吸う

④ 車を 止める

言う 말하다
忘れる 잊다
心配する 걱정하다

ごみ 쓰레기
捨てる 버리다
止める 세우다

🎧 05-02

V(ない형) **ないで、** V(ます형) **ます。**

~(하)지 않고, ~합니다.

✏ 📢 <ruby>学校<rt>がっこう</rt></ruby>へ <ruby>行<rt>い</rt></ruby>く / <ruby>家<rt>いえ</rt></ruby>で <ruby>勉強<rt>べんきょう</rt></ruby>する

→ <ruby>学校<rt>がっこう</rt></ruby>へ <ruby>行<rt>い</rt></ruby>かないで、<ruby>家<rt>いえ</rt></ruby>で <ruby>勉強<rt>べんきょう</rt></ruby>します。

① 　②

③　④

① <ruby>宿題<rt>しゅくだい</rt></ruby>を する / <ruby>遊<rt>あそ</rt></ruby>ぶ

→ _____

② <ruby>砂糖<rt>さとう</rt></ruby>を <ruby>入<rt>い</rt></ruby>れる / コーヒーを <ruby>飲<rt>の</rt></ruby>む

→ _____

<ruby>砂糖<rt>さとう</rt></ruby> 설탕

③ <ruby>朝<rt>あさ</rt></ruby>ごはんを <ruby>食<rt>た</rt></ruby>べる / <ruby>学校<rt>がっこう</rt></ruby>へ <ruby>行<rt>い</rt></ruby>く

→ _____

④ <ruby>会社<rt>かいしゃ</rt></ruby>へ <ruby>行<rt>い</rt></ruby>く / <ruby>家<rt>いえ</rt></ruby>で <ruby>仕事<rt>しごと</rt></ruby>を する

→ _____

🎧 05-03

문장 から、 V(ない형) ないで ください。

~(하)니까, ~(하)지 마세요.

✏️ 🎏 寒いです / ドアを 開ける

→寒いですから、ドアを 開けないで ください。

 ドア 문

① 　②

③ 　④

① 恥ずかしいです / 見る

→ _____

恥ずかしい 창피하다

② テストは 簡単です / 心配する

→ _____

③ クーラーを つけました / 窓を 開ける

→ _____

クーラー 에어컨

つける 켜다

窓 창문

開ける 열다

危ない 위험하다

④ 危ないです / 押す

→ _____

회화

01 🎧 05-04

😎 来週の 月曜日は テストです。

😊😊😊 え、テストですか。

😎 とても 簡単ですから、 あまり 心配しないで ください。

😊 ところで、先生、 レポートの 提出は いつですか。

😎 レポートは テストの 時に 出して ください。

みんな 忘れないで くださいね。

来週の月曜日

レポート 리포트

提出 제출

出す 제출하다, 내다

みんな 모두

Dialogue

02 🎧 05-05

イさん、何を して いますか。

レポートを 書いて います。

ちょっと 見ても いいですか。

いいえ、だめです。恥ずかしいですから、見ないで ください。

연습 문제

1. 다음 예와 같이 바꾸세요.

예 宿題を しません ＋ 遊びに 行きます

→ 宿題を しないで、遊びに 行きます。

① 朝ごはんを 食べません ＋ 学校へ 行きます

→ _____

② 寝ません ＋ 勉強しました

→ _____

③ 学校へ 行きません ＋ 遊びました

→ _____

④ お風呂に 入りません ＋ 寝ました

→ _____

2. 다음 적당한 말을 연결하여 문장을 완성하세요.

예 授業に • • 開けないで ください。

① 今、子どもが 寝て いますから、 • • 見ないで ください。

② 恥ずかしいですから、 • • 遅れないで ください。

③ すみませんが、ここに 車を • • 電気を つけないで ください。

④ クーラーを つけましたから、窓を • • 忘れないで ください。

⑤ 宿題を • • 止めないで ください。

3. 다음 문장을 일본어로 작문하세요.

1 모두 잊지 마세요.

→ _____

2 설탕을 넣지 않고, 커피를 마십니다.

→ _____

3 회사에 가지 않고, 집에서 일을 합니다.

→ _____

4 테스트는 간단하니까, 걱정하지 마세요.

→ _____

5 위험하니까, 밀지 마세요.

→ _____

遅れる 늦다, 지각하다
電気 전기, 불

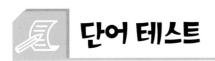
1. 다음 한자를 히라가나로 쓰세요.

1 砂糖　　（　　　　　　　）　　2 窓　　　　　（　　　　　　　　）

3 電気　　（　　　　　　　）　　4 開ける　　（　　　　　　　　）

5 言う　　（　　　　　　　）　　6 止める　　（　　　　　　　　）

7 出す　　（　　　　　　　）　　8 心配する　（　　　　　　　　）

9 捨てる　（　　　　　　　）　　10 忘れる　　（　　　　　　　　）

11 遅れる　（　　　　　　　）　　12 恥ずかしい（　　　　　　　　）

13 危ない　（　　　　　　　）

2. 다음 단어를 일본어로 쓰세요.

1 문　　　（　　　　　　　）　　2 모두　　　（　　　　　　　　）

3 리포트　（　　　　　　　）　　4 cooler, 에어컨

　　　　　　　　　　　　　　　　　　　　（　　　　　　　　）

5 켜다　　（　　　　　　　）

～て(ください)・～ないで(ください)

　실제 회화에서는 손아랫사람이나 친한 사이에서는 「～て ください(～하세요), ～ないで ください(～하지 마세요)」는 「ください」를 생략하고 스스럼 없는 말투로 「～て(～해)」, 「～ないで(～하지 마)」로 말하기도 합니다.

ちょっと 待^まって。 잠깐 기다려.

起^おきて。 일어나.

がんばって。 힘내! 화이팅!

急^{いそ}いで。 서둘러.

だれにも 言^いわないで。
아무한테도 말하지 마.

食^たべないで。 먹지 마.

06

にゅういん
入院しなければ
なりませんか。

학습 목표
1. 동사의 ない형을 활용한 허가, 의무 표현을 익힌다.
2. 동사의 ない형 및 た형을 활용한 조언 표현을 익히고 상황에 맞게 사용할 수 있다.

06-01

- インフルエンザ 인플루엔자, 독감
- 薬(くすり) 약
- マスク 마스크
- スーツ 정장(suit)
- ネクタイ 넥타이
- 市役所(しやくしょ) 시청

- 受(う)ける 받다, 응하다
  - *テストを 受(う)ける 시험을 보다
- 着(き)る (옷을) 입다

- 持(も)って 来(く)る 갖고 오다
  - *持(も)って 行(い)く 갖고 가다
- 入院(にゅういん)する 입원하다
- 予約(よやく)する 예약하다
- よくなる 좋아지다

- 後(あと) 앞으로, 뒤, 다음
- 必(かなら)ず 꼭, 반드시
- 大分(だいぶ) 상당히, 꽤

- お大事(だいじ)に 몸조심하세요

▶ V(ない형) + なければ なりません

: ~(해)야 합니다/~(하)지 않으면 안 됩니다 (의무/필요성)

> 薬_{くすり}を 飲_のま
> 学校_{がっこう}に 行_いか
> レポートを 書_かか
>
> なければ なりません。

♪ Vなければ なりません 활용 연습

다음의 동사를 「Vなければ なりません」 구문으로 바꾸어 말해 보세요.

> 会_あう 行_いく 話_{はな}す 休_{やす}む 乗_のる 走_{はし}る 起_おきる 食_たべる する 来_くる

▶ V(ない형) + なくても いいです : ~(하)지 않아도 괜찮습니다 (허가)

> 薬_{くすり}を 飲_のま
> 学校_{がっこう}に 行_いか
>
> なくても いいです。

※ '~해도 괜찮습니다'는 「Vても いいです」이다. (3과 문법 노트 참조)

▶ 조언

| V(た형) + た(だ) 方_{ほう}が いいです : ~(하)는 편이 좋습니다

> 家_{いえ}に 帰_{かえ}っ
> ゆっくり 休_{やす}ん
>
> た(だ) 方_{ほう}が いいです。

| V(ない형) + ない 方_{ほう}が いいです : ~(하)지 않는 편이 좋습니다

> お酒_{さけ}を 飲_のま
> お風呂_{ふろ}に 入_{はい}ら
>
> ない 方_{ほう}が いいです。

薬_{くすり} 약

문형 연습

> <u>V(ない형)</u> なければ なりませんか。　　　　~(해)야 합니까?
>
> はい、<u>V(ない형)</u> なければ なりません。　　네, ~(해)야 합니다.
>
> いいえ、<u>V(ない형)</u> なくても いいです。
>
> 　　　　　　　　　　　　　　　　　아니요, ~(하)지 않아도 괜찮습니다.

✎ 예 薬を 飲む

A : 薬を 飲まなければ なりませんか。

B1 : はい、飲まなければ なりません。

B2 : いいえ、飲まなくても いいです。

① 日本語で 書かなければ なりませんか。(日本語で 書く)

　→ はい、_____

　→ いいえ、_____

② ネクタイを しなければ なりませんか。(ネクタイを する)　　　**ネクタイ** 넥타이

　→ はい、_____

　→ いいえ、_____

③ 市役所に 行かなければ なりませんか。(市役所に 行く)　　　**市役所** 시청

　→ はい、_____

　→ いいえ、_____

④ テストを 受けなければ なりませんか。(テストを 受ける)　　　**テストを 受ける**
　　　　　　　　　　　　　　　　　　　　　　　　　　　　시험을 보다

　→ はい、_____

　→ いいえ、_____

🎧 06-03

> **V(た형)** た方がいいです。 ~(하)는 편이 좋습니다.

✏️ 예 A: 薬を 飲まなくても いいですか。(飲む)

　　B: いいえ、飲んだ 方が いいですよ。

① A: その 病院は 予約しなくても いいですか。(予約する)

　　B: _____

○ 予約する 예약하다

② A: スーツを 着なくても いいですか。(着る)

　　B: _____

○ スーツ 정장
着る 입다

③ A: 弁当を 持って 来なくても いいですか。(持って 来る)

　　B: _____

○ 持って 来る 갖고 오다

🎧 06-04

> **V(ない형)** ない 方が いいです。 ~(하)지 않는 편이 좋습니다.

✏️ 예 A: お酒を 飲んでも いいですか。(飲む)

　　B: いいえ、飲まない 方が いいですよ。

① A: お風呂に 入っても いいですか。(入る)

　　B: _____

② A: タバコを 吸っても いいですか。(吸う)

　　B: _____

③ A: ジムで 運動しても いいですか。(運動する)

　　B: _____

01 🎧 06-05

😎 インフルエンザです。

🙁 えっ、インフルエンザですか。

😎 はい。

🙁 じゃ、入院^{にゅういん}しなければ なりませんか。

😎 いえ、入院^{にゅういん}は しなくても いいです。

でも、会社^{かいしゃ}は 休^{やす}んだ 方^{ほう}が いいですね。

また、必^{かなら}ず マスクを して ください。

🙁 ああ、そうですか。わかりました。

😎 お大事^{だいじ}に。

インフルエンザ	인플루엔자, 독감
入院^{にゅういん}する	입원하다
必^{かなら}ず	꼭, 반드시
マスク	마스크
お大事^{だいじ}に	몸조심하세요

02 🎧 06-06

(며칠 후)

😀 大分 よく なりましたね。
だい ぶ

🙂 そうですか。ありがとうございます。

😀 でも、まだ 会社には 行かない 方が いいです。
       かいしゃ   い   ほう

後、2、3日 休んで ください。
あと に さんにち やす

연습 문제

1. (　　　) 안에서 적당한 말을 고르세요.

　① A : テストを (受けなくても / 受けては) いいですか。

　　 B : いいえ、受けなければ なりません。

　② A : 頭が 痛いです。

　　 B : そうですか。少し (休まない / 休んだ) 方が いいですね。

　③ 今日 日本語の 授業が ありますから、学校に (行かなければ /
　　 行かなくても) なりません。

　④ 暑く ないですから、クーラーを (つけても / つけなくても) いい
　　 ですよ。

　⑤ この 部屋、暑いですね。少し 窓を (開けない / 開けた) 方が いい
　　 ですよ。

2. 다나카 씨는 내일 중요한 시험이 있습니다. 시험을 잘 볼 수 있도록 「Vた 方が
　 いい / Vない 方が いい」 문형을 이용하여 조언을 해 주세요.

　① 心配する

　　 →＿＿＿＿＿＿＿＿＿＿＿＿＿＿＿＿＿＿＿＿＿＿＿＿＿

　② 図書館で 勉強する

　　 →＿＿＿＿＿＿＿＿＿＿＿＿＿＿＿＿＿＿＿＿＿＿＿＿＿

　③ お酒を 飲む

　　 →＿＿＿＿＿＿＿＿＿＿＿＿＿＿＿＿＿＿＿＿＿＿＿＿＿

　④ 明日 早く 起きる

　　 →＿＿＿＿＿＿＿＿＿＿＿＿＿＿＿＿＿＿＿＿＿＿＿＿＿

3. 다음 질문에 대답하세요.

① Q : この 授業では 日本語で 話さなければ なりませんか。

A : _____

② Q : 今日 しなければ ならない ことが ありますか。

A : _____

③ Q : 今日は 早く 家に 帰らなければ なりませんか。

A : _____

4. 다음 문장을 일본어로 작문하세요.

① 오늘은 리포트를 써야 합니다.

→ _____

② 정장을 입는 편이 좋습니다.

→ _____

③ 술을 마시지 않는 편이 좋습니다.

→ _____

④ 서두르지 않아도 됩니다.

→ _____

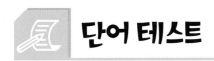

1. 다음 한자를 히라가나로 쓰세요.

　1 薬　　　　　(　　　　　　　)　　2 市役所　　(　　　　　　　)

　3 受ける　　(　　　　　　　)　　4 着る　　　(　　　　　　　)

　5 持って来る (　　　　　　　)　　6 入院する　(　　　　　　　)

　7 予約する　(　　　　　　　)　　8 後　　　　(　　　　　　　)

　9 大分　　　(　　　　　　　)　　10 必ず　　　(　　　　　　　)

2. 다음 단어를 일본어로 쓰세요.

　1 정장　　　(　　　　　　　)　　2 마스크　　(　　　　　　　)

　3 좋아지다　(　　　　　　　)　　4 넥타이　　(　　　　　　　)

　5 인플루엔자 (　　　　　　　)

はい

「はい」는 상황에 따라 '그렇다, 알았다, 여기에 있다, 이야기를 듣고 있다, 이야기를 못 알아들었다' 등 다양한 의미로 사용됩니다. 다음 그림을 보고 「はい」가 각각 어떠한 의미로 사용되고 있는지 알아 봅시다.

A : これは 田中さんの バッグですか。
이건 다나카 씨 가방인가요?

B : はい。
그래요.

A : カンニングを しては いけません。
커닝하면 안 돼요.

B : はい。
알겠습니다.

A : この 映画 見たい 人？
이 영화 보고 싶은 사람?

B : はい！
예, 여기요!

A : 昨日ね、[B : はい]
어제 말야,　　　[네]

A : 授業が 終わった 後でね、[B : はい]…
수업이 끝난 후에 말야,　　　　　　[네]…

A : この テストは X?!$%# です。
이 시험은 X?!$%# 입니다.

B : はい？
네?

07

困<ruby>こま</ruby>った 時<ruby>とき</ruby>は いつでも
連絡<ruby>れんらく</ruby>して ください。

학습 목표　1. 정중체와 보통체를 이해한다.
　　　　　2. 보통형을 이용하여 명사 수식을 할 수 있다.

🎧 07-01

· 意味（いみ） 의미	· 連絡（れんらく）する 연락하다
· 今朝（けさ） 오늘 아침	· 止（と）まる 멈추다
· 面接（めんせつ） 면접	· 倒（たお）れる 쓰러지다, 넘어지다
· 地震（じしん） 지진	· 作（つく）る 만들다
· 生活（せいかつ） 생활	· びっくりする 깜짝 놀라다
· もの 것/물건	
· 本棚（ほんだな） 책장	· すごい 굉장하다, 대단하다
· 風邪（かぜ） 감기	· 大変（たいへん）だ 힘들다, 큰일이다
* 風邪（かぜ）を ひく 감기에 걸리다	· 大丈夫（だいじょうぶ）だ 괜찮다
· エリ 에리 (일본인의 이름)	· いつでも 언제든지
· ～ちゃん 친밀감을 나타내는 호칭	· うん 응
· 困（こま）る 곤란하다	· ううん 아니
	· ね 있잖아, 저기 말이야

문법 노트

▶ 정중체 · 보통체(정중형 · 보통형)

일본어에는 크게 두 가지 문체, 즉, '정중체'와 '보통체'가 있다. '정중체'는 「です/ます」를 붙인 정중한 말로 상대방에게 공손함을 나타내는 문체이다. '보통체'는 친구나 가까운 사이에서 사용하는 「です/ます」를 붙이지 않은 문체로 신문, 메모, 에세이, 블로그 등에 사용된다. 같은 형태를 부르는 말로 '정중형'과 '보통형'이 있는데, 이는 명사를 수식하거나 문형과 접속할 때의 활용형을 말한다.

パンが おいしい 。 빵이 맛있다.
　　　보통체(문체＝문말 표현)

おいしい パンです。 맛있는 빵입니다.
　　　보통형

⑴ 동사

정중체	보통체
行きます	行く
行きません	行かない
行きました	行った
行きませんでした	行かなかった
※ ありません ありませんでした	* ない * なかった

📝 보통체 활용 연습

예 行く	行かない	行った	行かなかった
飲む			
会う			
* ある			
帰る			
食べる			
見る			
来る			
する			

⑵ い형용사

정중체	보통체
おいしいです おいしく ないです おいしかったです おいしく なかったです	おいしい おいしく ない おいしかった おいしく なかった

✎ 보통체 활용 연습

ᴇ゙おいしい	おいしく ない	おいしかった	おいしく なかった
^{さむ}寒い			
^{たか}高い			
やさしい			
* いい			

⑶ な형용사 · 명사

정중체	보통체
^す好きです ^す好きじゃ ありません ^す好きでした ^す好きじゃ ありませんでした	^す好きだ ^す好きじゃ ない ^す好きだった ^す好きじゃ なかった
^{がくせい}学生です ^{がくせい}学生じゃ ありません ^{がくせい}学生でした ^{がくせい}学生じゃ ありませんでした	^{がくせい}学生だ ^{がくせい}学生じゃ ない ^{がくせい}学生だった ^{がくせい}学生じゃ なかった

✎ 보통체 활용 연습

す好きだ	す好きじゃ ない	す好きだった	す好きじゃ なかった
まじめだ			
たいへん大変だ			
きれいだ			
やす休みだ			
に ほんじん日本人だ			

▶ 명사 수식

▎ 보통형 + N

よ読んで いる
よ読んだ

ほん本

おいしい
おいしく ない
おいしかった
おいしく なかった

パン

きれいな
きれいだった
きれいじゃ ない
きれいじゃ なかった

ふく服

문형 연습

| 정중체 | → | 보통체 |

✏️ 예 電話する … 6時に 電話します。 → 電話する。
　　　　　　　　전화하겠습니다　　　　　전화할게

① 来る … 明日 また 来ます。 → _____
　　　　　오겠습니다　　올게

② ある … 今 時間が ありません。 → _____
　　　　　없습니다　　　　없어

③ 会う … 昨日 友だちに 会いました。 → _____
　　　　　만났습니다　　　　만났어

④ 行く … 昨日は 学校へ 行きませんでした。 → _____
　　　　　가지 않았습니다　　　　안 갔어

⑤ 忙しい … 先週は とても 忙しかったです。 → _____
　　　　　바빴습니다　　　　바빴어

⑥ 便利だ … 交通は 便利でした。 → _____
　　　　　편리했습니다　　　편리했어

🎧 07-03

| 문장(보통형) | + | N | | ~N |

✏️ 📕 東京駅へ 行きます / バス → 東京駅へ 行く バス

① これは 面接の 時、着ます / スーツ

   ➡ _____

         ◦ 面接 면접

② 田中さんは 赤い 靴を はいて います / 人

   ➡ _____

③ これは 図書館で 借りました / 本

   ➡ _____

④ 私が 作りました / ケーキ

   ➡ _____

         ◦ 作る 만들다

🎧 07-04

| 문장(보통형) | 時は | V(て형) | て ください。 | ~때는 ~하세요. |

✏️ 📕 困りました / いつでも 連絡する

→ 困った 時は いつでも 連絡して ください。

         ◦ 困る 곤란하다

           いつでも 언제든지

① 意味が わかりません / 辞書で 調べる

   ➡ _____

         ◦ 意味 의미

② 遅れます / 必ず 電話する

   ➡ _____

③ 風邪を ひきました / ゆっくり 寝る

   ➡ _____

         ◦ 風邪を ひく
            감기에 걸리다

④ つかれました / この 薬を 飲む

   ➡ _____

01 🎧 07-05

🗣 ね、今朝の ニュース 見た。↗

🗣 うん、見た。見た。

🗣 すごい 地震だっだね。エリちゃんは 地震の 時、大丈夫だった。↗

🗣 本棚が 倒れて、びっくりしたよ。怖かった。ジアちゃんは。↗

🗣 私も 家に 帰る 時、電車が 止まって、大変だったよ。↗

ね	있잖아, 저기 말이야
今朝	오늘 아침
うん	응
すごい	굉장하다
地震	지진
エリ	에리 (일본인 이름)
ちゃん	친밀감을 나타내는 호칭
大丈夫だ	괜찮다
本棚	책장
倒れる	쓰러지다, 넘어지다
びっくりする	깜짝 놀라다
止まる	멈추다
大変だ	힘들다, 큰일이다

02 🎧 07-06

😀 キムさん、日本の 生活は どうですか。

😀 楽しいですが、大変です。

😀 なにか 困った 時は いつでも 連絡して ください。

😀 ありがとうございます。

生活 생활
連絡する 연락하다

연습 문제

1. 다음 예와 같이 대화를 완성하세요.

예 A : これ おいしいよ。食べる。↗

B : うん、食べる。

　　ううん、食べない。

① A : 明日 暇。↗

B : ううん、＿＿＿＿＿＿＿＿＿＿＿＿＿＿＿＿＿＿＿＿＿

② A : あなたも 行く。↗

B : うん、＿＿＿＿＿＿＿＿＿＿＿＿＿＿＿＿＿＿＿＿＿

③ A : 今朝の ニュースを 見た。↗

B : うん、＿＿＿＿＿＿＿＿＿＿＿＿＿＿＿＿＿＿＿＿＿

④ A : 昨日の 映画は おもしろかった。↗

B : ううん、＿＿＿＿＿＿＿＿＿＿＿＿＿＿＿＿＿＿＿＿＿

⑤ A : あの 人は 日本人。↗

B : ううん、＿＿＿＿＿＿＿＿＿＿＿＿＿＿＿＿＿＿＿＿＿

　　　　　　　　　　　　　　　　　　　　　　ううん 아니

2. 다음 예와 같이 적당한 말을 골라 문장을 완성하세요.

예 渋谷駅へ 行く バスが 来ましたよ。(行きます)

① 私が ＿＿＿＿＿＿＿＿＿＿ ケーキを 食べて みて ください。(作りました)

② あそこで たばこを ＿＿＿＿＿＿＿＿＿＿ 人が 木村さんです。(吸って います)

③ 昨日 ＿＿＿＿＿＿＿＿＿＿人は だれですか。（来ませんでした）

④ 子どもの 時、一番 ＿＿＿＿＿＿＿＿＿＿ ものは 何ですか。

（ほしかったです）

⑤ つくえの 上に ＿＿＿＿＿＿＿＿＿＿ かばんは 私のです。（あります）

⑥ 日本語を ＿＿＿＿＿＿＿＿＿＿ 仕事を したいです。（使います）

3. 다음 문장을 일본어로 작문하세요.

① 늦을 때는 반드시 전화하세요.

➡ ＿＿＿＿＿＿＿＿＿＿＿＿＿＿＿＿＿＿＿＿＿＿＿＿

② 오늘 아침 뉴스 봤어?

➡ ＿＿＿＿＿＿＿＿＿＿＿＿＿＿＿＿＿＿＿＿＿＿＿＿

③ 지금 시간이 없어.

➡ ＿＿＿＿＿＿＿＿＿＿＿＿＿＿＿＿＿＿＿＿＿＿＿＿

④ 지난주에는 너무 바빴어.

➡ ＿＿＿＿＿＿＿＿＿＿＿＿＿＿＿＿＿＿＿＿＿＿＿＿

⑤ 도서관에서 빌린 책입니다.

➡ ＿＿＿＿＿＿＿＿＿＿＿＿＿＿＿＿＿＿＿＿＿＿＿＿

もの 것/물건

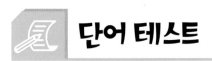
1. 다음 한자를 히라가나로 쓰세요.

① 地震 　（　　　　　　）　　② 面接 　（　　　　　　）

③ 意味 　（　　　　　　）　　④ 今朝 　（　　　　　　）

⑤ 本棚 　（　　　　　　）　　⑥ 生活 　（　　　　　　）

⑦ 風邪 　（　　　　　　）　　⑧ 困る 　（　　　　　　）

⑨ 倒れる （　　　　　　）　　⑩ 止まる （　　　　　　）

⑪ 大変だ （　　　　　　）　　⑫ 作る 　（　　　　　　）

⑬ 連絡する

　　　　（　　　　　　　）

2. 다음 단어를 일본어로 쓰세요.

① 것(물건) （　　　　　　）　② 깜짝 놀라다 （　　　　　　）

③ 응 　　（　　　　　　）　④ 아니 　（　　　　　　）

⑤ 굉장하다, 대단하다　　　⑥ 언제든지 （　　　　　　）

　　　　（　　　　　　）

보통체 회화

	정중체	보통체
동사	行きますか。	行く。↗
	はい、行きます。 いいえ、行きません。	うん、行く。 ううん、行かない。
い형용사	おいしいですか。	おいしい。↗
	はい、おいしいです。 いいえ、おいしく ないです。	うん、おいしい。 ううん、おいしく ない。
な형용사	好きですか。	好き。↗
	はい、好きです。 いいえ、好きじゃ ないです。	うん、好き。 ううん、好きじゃ ない。
명사	学生ですか。	学生。↗
	はい、学生です。 いいえ、学生じゃ ないです。	うん、学生。 ううん、学生じゃ ない。

※보통체 회화에서는 조사가 생략되는 경우가 많다.

예 コーヒーを 飲みますか。 → コーヒー、飲む。↗
　 ビールが 好きですか。 → ビール、好き。↗
　 これは 何ですか。 → これ、何。↗

08

私は韓国の チームが
勝つと 思います。

학습 목표 1. 자신의 의견 · 견해 · 추측을 말할 수 있다.
2. 다른 사람이 한 말을 전달하거나 인용할 수 있다.

🎧 08-01

- **去年** 작년
- **天気** 날씨
- **天気予報** 일기예보
- **雨** 비
- **台風** 태풍
- **試合** 시합
- **チーム** 팀
- **店** 가게
- **トマト** 토마토
- **カロリー** 칼로리

- **思う** 생각하다
- **勝つ** 이기다

- **似合う** 어울리다
- **間に合う** 시간에 늦지 않다
- **結婚する** 결혼하다

- **痛い** 아프다
- **多い** 많다
- **悪い** 나쁘다
- **遅い** 느리다, 늦다

- **初めて** 처음으로
- **たぶん** 아마
- **문말+よね** ~지요? (확인, 동의를 구함)
- **~に よると** ~에 의하면, ~에 따르면

🎧 08-02

・いただきます。	잘 먹겠습니다.
・おやすみなさい。	안녕히 주무세요.
・行ってきます。	다녀오겠습니다.
・ただいま。	다녀왔습니다.
・遅く なって すみません。	늦어서 죄송합니다.

▶ 보통형 + と 思う : ~(라)고 생각한다/~(인) 것 같다 (의견 · 견해 · 추측)

> 来る
>
> いい
>
> 高く ない
>
> きれいだ
>
> 学生だ
>
> と 思います。

▶ 보통형/「문장」 + と 言う : ~(라)고 하다

ǀ 보통형 + と 言う : 간접 인용

> A : 私は 行きません。 저는 안 갈 겁니다.
>
> → Aさんは 行かないと 言いました。 A 씨는 안 간다고 했습니다.

ǀ「문장」 + と 言う : 직접 인용

> A : 私は 行きません。 저는 안 갈 겁니다.
>
> → Aさんは 「私は 行きません」と 言いました。
> A 씨는 '저는 안 갈 겁니다'라고 했습니다.

문법 노트

▶ 보통형 + そうだ ： ~(라)고 하다 (보고, 읽고, 들은 것을 전달)

| ニュース
天気予報
新聞
山田さんの 話 | に よると | 台風が 来る
今日は 天気が いい
トマトの カロリーは 高く ない
石田さんは 学生だ | そうです。 |

※ 정보의 출처는 「～に よると(～에 의하면)」로 나타낸다.

台風	태풍
天気予報	일기예보
天気	날씨
トマト	토마토
カロリー	칼로리

▶ 정중형 → 보통형

(1) 동사

	ます형	→	보통형
1그룹 동사	iます	→	u
	会い(i)ます	→	会う(u)
	行き(ki)ます	→	行く(ku)
	帰り(ri)ます	→	_____
2그룹 동사	「ます」 대신에 「る」 붙이기		
	食べます	→	食べる
	見ます	→	見る
	います	→	_____

120

3그룹 동사	します	→	する
	来^きます	→	来^くる
	料理^{りょうり}します	→	＿＿＿＿＿＿＿＿

(2) い형용사(Aい)

정중형	→ 보통형	✎「い형용사」 활용 연습	
Aいです	→ Aい	おいしいです	→ ＿＿＿＿＿＿＿
A く ないです	→ A く ない	おいしく ないです	→ ＿＿＿＿＿＿＿
Aかったです	→ Aかった	おいしかったです	→ ＿＿＿＿＿＿＿
A く なかったです	→ A く なかった	おいしく なかったです	→ ＿＿＿＿＿＿＿

(3) な형용사(NAだ)·명사(N)

정중형	→	보통형
NA/Nです	→	NA・Nだ
NA/Nじゃ ありません	→	NA・Nじゃ ない
NA/Nでした	→	NA・Nだった
NA/Nじゃ ありませんでした	→	NA・Nじゃ なかった

✎「な형용사」 활용 연습

好^すきです	→	＿＿＿＿＿＿＿＿＿＿
好^すきじゃ ありません	→	＿＿＿＿＿＿＿＿＿＿
好^すきでした	→	＿＿＿＿＿＿＿＿＿＿
好^すきじゃ ありませんでした	→	＿＿＿＿＿＿＿＿＿＿

🎧 08-03

보통형 と <ruby>思<rt>おも</rt></ruby>います。

~(라)고 생각합니다. / ~인 것 같습니다.

🗣️📻 <ruby>鈴木<rt>すずき</rt></ruby>さん / <ruby>家<rt>いえ</rt></ruby>に います

→ <ruby>鈴木<rt>すずき</rt></ruby>さんは たぶん <ruby>家<rt>いえ</rt></ruby>に いると <ruby>思<rt>おも</rt></ruby>います。

<ruby>思<rt>おも</rt></ruby>う 생각하다

たぶん 아마

① <ruby>田中<rt>たなか</rt></ruby>さん / <ruby>今<rt>いま</rt></ruby> <ruby>寝<rt>ね</rt></ruby>て います

② <ruby>日曜日<rt>にちようび</rt></ruby> / <ruby>人<rt>ひと</rt></ruby>が <ruby>多<rt>おお</rt></ruby>いです

<ruby>多<rt>おお</rt></ruby>い 많다

③ <ruby>仕事<rt>しごと</rt></ruby> / <ruby>大変<rt>たいへん</rt></ruby>です

④ あの <ruby>人<rt>ひと</rt></ruby> / この <ruby>大学<rt>だいがく</rt></ruby>の <ruby>学生<rt>がくせい</rt></ruby>です

보통형	と 言いました。	~(라)고 했습니다.

来週 結婚します。

キム

キムさんは 来週 結婚すると 言いました。

昨日 先生に 会いました。	この 店の ケーキは おいしいですよ。	明日は 来なくても いいです。	カラオケは あまり 好きじゃ ありません。

田中

鈴木

医者

木村

結婚する 결혼하다
店 가게

① 田中さんは ＿＿＿＿＿＿＿＿＿＿＿＿＿＿＿と 言いました。

② 鈴木さんは ＿＿＿＿＿＿＿＿＿＿＿＿＿＿＿と 言いました。

③ 医者は ＿＿＿＿＿＿＿＿＿＿＿＿＿＿＿＿と 言いました。

④ 木村さんは ＿＿＿＿＿＿＿＿＿＿＿＿＿＿＿と 言いました。

문형 연습

보통형 時、「문장」 と 言います。

~때, ~(라)고 말합니다.

✏️ 例 食べる 時、「いただきます」 と 言います。

① ② ③ ④

① 初めて 会った 時、「＿＿＿＿＿＿＿＿＿」 と 言います。

● 初めて 처음으로

② 寝る 時、「＿＿＿＿＿＿＿＿＿」 と 言います。

③ 家を 出る 時、「＿＿＿＿＿＿＿＿＿」 と 言います。

④ 家に 帰ってきた 時、「＿＿＿＿＿＿＿＿＿」 と 言います。

🎧 08-06

N に よ る と、 **보통형** そう です。

~에 의하면 ~(라)고 합니다.

✏️ 📕 天気予報 / 明日は 雨です

→ 天気予報に よると、明日は 雨だそうです。

天気予報 일기예보
雨 비

① ② ③ ④

① 山田さんの 話 / この 映画は おもしろいです

→ _____ そうです。

② 先生の 話 / 今度の 試験は 難しいです

→ _____ そうです。

③ ニュース / 台風が 来ます

→ _____ そうです。

台風 태풍

④ 田中さんの 話 / キムさんは 来週 結婚します

→ _____ そうです。

회화

01 🎧 08-07

これは どうですか。

いいと 思いますよ。

じゃ、これは。↗

それも 悪く ないと 思います。

これは。↗

それが 一番 似合いますね。

じゃ、これに します。

悪い 나쁘다
似合う 어울리다

02 🎧 08-08

😊 遅く なって すみません。

😊 いいえ、大丈夫です。今日 山田さんも 来ますよね。

😊 はい。来ると 言いました。あれ、田中さんも まだですか。

😊 はい、10分ぐらい 遅れるそうです。

たぶん 試合には 間に合うと 思います。

😊 あ、そうですか。ところで、今日の 試合は どちらの チームが

勝つと 思いますか。

😊 もちろん 私は 韓国の チームが 勝つと 思います。

遅い 느리다, 늦다

〜よね 〜지요?

試合 시합

間に合う
　시간에 늦지 않다

チーム 팀

勝つ 이기다

연습 문제

1. 다음 예와 같이 바꾸세요.

예 私は 思います。「田中さんは やさしい 人です。」

→ 田中さんは やさしい 人だと 思います。

① 私は 思います。「鈴木さんは たぶん 学校に います。」

→ _____と 思います。

② 私は 思います。「木村さんは いい 先生でした。」

→ _____と 思います。

③ 私は 思います。「イさんは まじめです。」

→ _____と 思います。

④ 私は 思います。「日曜日は 人が 多いです。」

→ _____と 思います。

2. 다음 예와 같이 문장을 완성하세요.

예 明日 行きません。

② 去年 結婚しました。

① 中国へ 行きたいです。

④ 頭が 痛いです。

田中さん

③ 野球が 好きです。

去年 작년
痛い 아프다

例 田中さんは 明日 行かない そうです。

1 田中さんは ＿＿＿＿＿＿＿＿＿＿＿＿＿＿＿＿＿＿ そうです。

2 田中さんは ＿＿＿＿＿＿＿＿＿＿＿＿＿＿＿＿＿＿ そうです。

3 田中さんは ＿＿＿＿＿＿＿＿＿＿＿＿＿＿＿＿＿＿ そうです。

4 田中さんは ＿＿＿＿＿＿＿＿＿＿＿＿＿＿＿＿＿＿ そうです。

3. 다음 문장을 일본어로 작문하세요.

1 늦어서 죄송합니다.

→ ＿＿＿＿＿＿＿＿＿＿＿＿＿＿＿＿＿＿＿＿＿＿＿＿＿＿

2 좋은 사람이라고 생각합니다.

→ ＿＿＿＿＿＿＿＿＿＿＿＿＿＿＿＿＿＿＿＿＿＿＿＿＿＿

3 10분 정도 늦는다고 했습니다.

→ ＿＿＿＿＿＿＿＿＿＿＿＿＿＿＿＿＿＿＿＿＿＿＿＿＿＿

4 작년에 결혼했다고 했습니다.

→ ＿＿＿＿＿＿＿＿＿＿＿＿＿＿＿＿＿＿＿＿＿＿＿＿＿＿

1. 다음 한자를 히라가나로 쓰세요.

1 去年 ( ) 2 天気予報 ( )

3 天気 ( ) 4 雨 ( )

5 台風 ( ) 6 試合 ( )

7 店 ( ) 8 思う ( )

9 勝つ ( ) 10 似合う ( )

11 結婚する ( ) 12 痛い ( )

13 多い ( ) 14 悪い ( )

15 遅い ( )

2. 다음 단어를 일본어로 쓰세요.

1 팀 ( ) 2 토마토 ( )

3 칼로리 ( ) 4 처음으로 ( )

5 아마 ( )

보통체의 남녀차

보통체는 실제 회화에서 문장 끝에 「ね・よ」 등의 종조사를 붙여 말하는 경우에는 남성과 여성의 말투가 달라집니다. 함께 알아 둡시다.

	정중체(男女)	보통체	
		男	女
동사	行きます 行きますよ 行きますね	行く 行くよ 行くね	行く(わ) 行くわよ 行くわね
い형용사	おいしいです おいしいですよ おいしいですね	おいしい おいしいよ おいしいね	おいしい(わ) おいしいわよ おいしいわね
な형용사·명사	好きです 好きですよ 好きですね	好きだ 好きだよ 好きだね	好き 好きよ 好きね
	休みです 休みですよ 休みですね	休みだ 休みだよ 休みだね	休み 休みよ 休みね

※	정중체(男女)	보통체(男)	보통체(女)
	そうです そうですよ そうですね	そうだ そうだよ そうだね	そう そうよ そうね

09

いち じ かん   はし
1時間ぐらいは走れます。

학습 목표 **1.** 동사의 가능형을 익혀, 자신의 능력 여부, 혹은 어떠한
상황 속에서의 가능 여부에 대해 자유롭게 표현할 수 있다.
2. 「ようになる」「ようにする」 문형 학습을 통해 행동의
변화 및 자신의 마음가짐(습관)에 대해 표현할 수 있다.

새로운 어휘

🎧 09-01

- インターネット 인터넷
- 朝^{あさ} 아침
  - *昼^{ひる} 점심 夜^{よる} 밤
- 映画館^{えいがかん} 영화관
- おかゆ 죽
- 健康^{けんこう} 건강
- ゴルフ 골프
- ジョギング 조깅
- ピアノ 피아노
- 宅急便^{たっきゅうびん} 택배

- 石田^{いしだ} 이시다 (일본인의 성)
- パク 박 (한국인의 성)

- ひく 연주하다, (피아노 등을) 치다, 켜다
  - *ピアノを ひく 피아노를 치다

- 送る^{おく} 보내다, 배웅하다
  - *宅急便^{たっきゅうびん}を 送る^{おく} 택배를 보내다
- 引き出す^{ひだ} 찾다, 꺼내다, 인출하다
  - *お金^{かね}を 引き出す^{ひだ} 돈을 인출하다
- コピーする 복사하다
- 利用する^{りよう} 이용하다
- 練習する^{れんしゅう} 연습하다

- 結構^{けっこう} 꽤, 제법
- あら 어머, 저런
- へえ 우와, 헤, 허참 (놀람)

- (Nの)ために ~을/를 위해서
  - *健康^{けんこう}の ために 건강을 위해서

문법 노트

▶ 가능 표현 1 (동사의 「가능형」) : ~할 수 있다

　　일본어의 가능 표현에는 ①동사의 가능형, ②동사의 사전형＋ことが できる의 두 가지 형태가 있으며, 상황에 따라 ①신체적 · 기술적 능력, ②상황에 따른 가능 · 불가능의 두 가지 의미로 사용된다. 가능 표현 문장에서는 조사 「を」가 「が」로 바뀌는 경우가 많으니 주의해야 한다.　◙ たばこを 吸う 담배를 피우다 → たばこが 吸える 담배를 피울 수 있다

▎1그룹 동사

－u ➡ **－e** ＋ る

◙ 言う → 言え ＋ る
　行く → 行け ＋ る
　話す → 話せ ＋ る

あ단	い단	う단	え단	お단
あ	い	う	え	お
[a]	[i]	[u]	[e]	[o]
か	き	く	け	こ
[ka]	[ki]	[ku]	[ke]	[ko]
さ	し	す	せ	そ

▎2그룹 동사

－る ➡ **－る** ＋ られる

◙ 見る → 見る ＋ られる
　食べる → 食べる ＋ られる

▎3그룹 동사

する → できる
来る → 来られる

🎵 동사 가능형 활용 연습

다음 동사를 가능형으로 바꾸어 말해 보세요.

- 会う　行く　歩く　歌う　話す　読む　休む　泳ぐ　走る
- 起きる　見る　食べる　寝る
- する　来る　見に 来る

문법 노트

🔊 동사 가능형 묻고 답하기 연습

다음 동사를 예와 같이 가능형 문장으로 만들어 묻고 답해 보세요.

예) 日本語を 話す

Q ○○さんは 日本語が 話せますか。

A はい、話せます。/ いいえ、話せません。

① 泳ぐ　　　　　　　　② 一人で 帰る

③ 朝早く 起きる　　　　④ 自転車に 乗る

▶ 가능 표현 2

| V(사전형) + ことが できる : ~할 수 있다

Q
> ここで 泳ぐ
> 日本語で 話す　　　　　ことが できますか。
> インターネットで 予約する

A はい、できます。/ いいえ、できません。

| N + が できる: ~을/를 ~할 수 있다

'외국어, 스포츠, 악기' 등을 나타내는 명사(N)나 「명사(N)+する」 동사의 명사(N) 부분은 「が できる」를 붙여 가능 표현을 만들 수 있다.

Q
> 日本語
> ピアノ　　　　　が できますか。
> 車の 運転

A はい、できます。/ いいえ、できません。

朝 아침
自転車 자전거
泳ぐ 헤엄치다
インターネット 인터넷
ピアノ 피아노

136

▶ V (사전형/ない형) + ように する : ~하도록/하지 않도록 하다
(노력, 마음가짐)

> 朝早く 起きる
> 毎日 練習する
> お酒を 飲まない

ように します。

※ 「Vように する」가 「Vように して いる」 형태로 쓰이면, '~하도록 하고 있다', 즉, '습관'을 의미
하게 된다.

▶ V (가능형/ない형) + ように なる : ~할 수 있게/하지 않게 되다
(능력 · 상태의 변화)

> 日本語で 話せる
> 海で 泳げる
> お酒を 飲まない

ように なります。

┃ ~ように する VS ~ように なる

お酒を 飲む　　　　お酒を 飲まない ように する　　　お酒を 飲まない ように なる

日本語で 話せる ように する　　　日本語で 話せる ように なる

練習する 연습하다
海 바다

09-02

| N | を | V(사전형) | → | N | が | V(가능형) |

~을/를 ~할 수 있다.

✎ 📱 ピアノを ひく

A: ピアノが ひけますか。

B: はい、ひけます。/ いいえ、ひけません。

ひく 연주하다,
(피아노 등을) 치다

① お酒を 飲む　　② 運転を する

③ おかゆを 作る　　④ パソコンを 使う

おかゆ 죽

① A: _____

　 B: はい、_____ / いいえ、_____

② A: _____

　 B: はい、_____ / いいえ、_____

③ A: _____

　 B: はい、_____ / いいえ、_____

④ A: _____

　 B: はい、_____ / いいえ、_____

🎧 09-03

V(사전형) ことが できます。 ~할 수 있습니다.

N が できます。 ~을/를 할 수 있습니다.

✏️ **예1** 雑誌を 買う

A : 日本の コンビニでは 何が できますか。

B : 雑誌を 買う ことが できます。

① トイレを 利用する ② 宅急便を 送る

③ お金を 引き出す ④ コピーする

○ 利用する 이용하다
宅急便 택배
送る 보내다
引き出す 인출하다
コピーする 복사하다

① _____
② _____
③ _____
④ _____

✏️ **예2** ピアノ (O / X)

예 ① 私は ピアノが できます。(○)
② 私は ピアノが できません。(×)

① パソコン (○) ② 英語 (×) ③ ゴルフ (○) ④ 運転 (×)

○ ゴルフ 골프

① _____
② _____
③ _____
④ _____

문형 연습

V(사전형) ようにしています。

~하도록 하고 있습니다.

예 毎日 公園を 走る。

→ 毎日 公園を 走る ようにしています。

① 毎朝 新聞を 読む

→ _____

② 毎晩 早く 寝る

→ _____

③ 毎日 図書館で 勉強する

→ _____

🎧 09-05

V(가능형/ない형)	ように なりました。

~할 수 있게/하지 않게 되었습니다.

✏️ 예 <ruby>歩<rt>ある</rt></ruby>ける

→ <ruby>歩<rt>ある</rt></ruby>ける ように なりました。

예 　　　① 　　　② 　　　③

① <ruby>自転車<rt>じ てんしゃ</rt></ruby>に <ruby>乗<rt>の</rt></ruby>れる

➡ _____

② たばこを <ruby>吸<rt>す</rt></ruby>わない

➡ _____

③ <ruby>早<rt>はや</rt></ruby>く <ruby>起<rt>お</rt></ruby>きられる

➡ _____

회화

01 🎧 09-06

あ、石田さん、おはようございます。

あら、パクさん、おはよう。

石田さんは 毎日 この 公園で 運動して いますか。

はい。健康の ために 毎朝 1時間ぐらい ジョギングする ように

して います。

へえ、そうですか。私は 昨日からです。

はは、そうですか。

石田 이시다 (일본인의 성)	
あら 어머, 저런	
パク 박 (한국인의 성)	
健康 건강	
ために 위해서	
ジョギング 조깅	
へえ 우와, 헤, 허참	

02 🎧 09-07

実は 私、10分も 走る ことが できませんが、石田さんは 結構 走れますよね。

そうですね。1年 前から 毎日 練習して、今は 1時間ぐらいは 走れます。

パクさんも すぐ 走れる ように なりますよ。

そうですか。がんばります。

結構 꽤, 제법

연습 문제

1. (　　) 안에서 적당한 말을 고르세요.

① 昨日は 暑くて (寝られませんでした / 寝られました)。

② あなたは 海で (泳ぐ / 泳げる) ことが できますか。

③ 私は 運転 (が / を) できません。

④ 子どもの 前では たばこを 吸わない ように (しています / なって います)。

⑤ 前は だめでしたが、今は なっとうが 食べられる ように (しました / なりました)。

2. 다음 예와 같이 보기에서 적당한 말을 골라 문장을 완성하세요.

예) 足が 痛くて 歩けません(歩く ことが できません)。

> 보기
> 歩く　食べる　遊びに 行く　買う　勉強する　運転する　行く

① 値段が 高くて _____

② 眠くて _____

③ お腹が いっぱいで _____

④ 明日 テストが ありますから _____

144

3. 다음 질문에 대답하세요.

① Q : あなたは 自転車に 乗れますか。

    A : _____

② Q : あなたは 朝 早く 起きる ことが できますか。

    A : _____

③ Q : あなたは 一人で 映画館に 行けますか。

    A : _____

4. 다음 문장을 일본어로 작문하세요.

① 저는 일본어를 할 수 있습니다.

→   _____

② 아침 일찍 일어나도록 하고 있습니다.

→   _____

③ 술을 마시지 않게 되었습니다.

→   _____

④ 저는 10분도 못 뜁니다.

→   _____

映画館 영화관

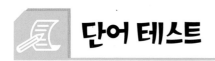
1. 다음 한자를 히라가나로 쓰세요.

① 朝　　　(　　　　　　　)　② 宅急便　(　　　　　　　)

③ 映画館　(　　　　　　　)　④ 健康　　(　　　　　　　)

⑤ 練習する(　　　　　　　)　⑥ 利用する(　　　　　　　)

⑦ 送る　　(　　　　　　　)　⑧ 引き出す(　　　　　　　)

⑨ 結構　　(　　　　　　　)

2. 다음 단어를 일본어로 쓰세요.

① 인터넷　(　　　　　　　)　② 죽　　　(　　　　　　　)

③ 골프　　(　　　　　　　)　④ 조깅　　(　　　　　　　)

⑤ 피아노　(　　　　　　　)　⑥ 연주하다(　　　　　　　)

⑦ 복사하다(　　　　　　　)

칭찬 · 겸손 표현

　일본인과 자연스럽게 대화하기 위해서는 정확한 어휘 및 문형(문법) 구사 능력뿐 아니라, 상황에 맞는 다양한 표현 능력이 필요합니다. 적절한 칭찬과 겸손 표현은 일본인과의 대화를 더욱 더 자연스럽고 원활하게 해 줍니다. 그럼, 일본어 칭찬 표현과 겸손 표현에 대해 배워 볼까요?

▶ 칭찬

・日本語(歌・絵・料理)が お上手ですね。
　일본어(노래 · 그림 · 요리)를 잘 하시네요.

・いい お部屋(お家・車・パソコン)ですね。
　좋은 방(집 · 자동차 · 컴퓨터)이네요.

・その ネクタイ(靴・シャツ)、すてきですね。
　그 넥타이(구두 · 셔츠) 멋지네요.

▶ 겸손

A : 日本語、お上手ですね。 일본어 잘 하시네요.

B : いえいえ。 아니에요.

　　いいえ、まだまだです。
　　아니요, 아직 잘 못해요.

　　いいえ、それほどでも ありません。
　　아니요, 그 정도는 아니에요.

　　いいえ、そんな こと ありません。
　　아니요, 그렇지 않아요.

　　いいえ、とんでも ないです。
　　아니요, 당치도 않아요.

10

田中さんに手伝ってもらいました。

た なか　　　　て つだ

학습 목표　1. 한국어와 다른 일본어 수수동사의 사용법을 이해한다.
2. 다양한 상황에서 물건 및 행위의 주고 받음에 대해 표현할 수 있다.

새로운 어휘

🎧 10-01

- プレゼント 선물
- お菓子(かし) 과자
- チョコレート 초콜릿
- スニーカー 운동화
- セーター 스웨터
- 帽子(ぼうし) 모자
- 編み物(あみもの) 뜨개질
- 作り方(つくりかた) 만드는 법
- 趣味(しゅみ) 취미

- エリ 에리 (일본인 이름)
- ケン 켄 (일본인 이름)

- 作る(つくる) 만들다
- 手伝う(てつだう) 도와주다
- 直す(なおす) 고치다

- すてきだ 근사하다, 아주 멋지다

- そんな 그런, 그와 같은
  * そんな こと ありません。
    그렇지 않아요. (칭찬, 감사에 대한 겸양 표현)

- やっと 겨우, 간신히
- いやいや 아니 아니

- 사람+に ~에게, ~로부터
- ~から ~로부터, ~한테서

🎧 10-02

▶ 가족 명칭

		자기 가족을 남에게 말할 때	남의 가족을 말할 때
	아버지	父(ちち)	お父(とう)さん
	어머니	母(はは)	お母(かあ)さん
	형/오빠	兄(あに)	お兄(にい)さん
	누나/언니	姉(あね)	お姉(ねえ)さん
	남동생	弟(おとうと)	弟(おとうと) さん
	여동생	妹(いもうと)	妹(いもうと) さん

문법 노트

▶ 수수표현 1 (물건을 주고 받음)

일본어의 '주다' 표현은 다음과 같이 ①내가 다른 사람에게 줄 때(あげる)와 ②다른 사람이 나에게 줄 때(くれる)를 구별해서 표현한다.

▎ **あげる** : (내가 남에게 / 남이 남에게) 주다

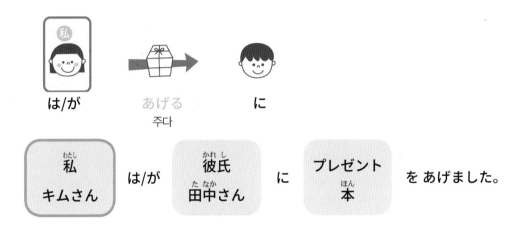

▎ **くれる** : (남이 나에게) 주다

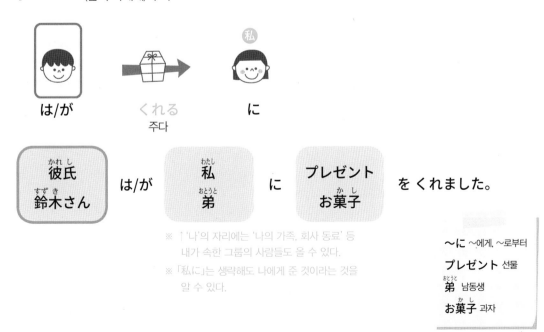

※ ↑ '나'의 자리에는 '나의 가족, 회사 동료' 등
　내가 속한 그룹의 사람들도 올 수 있다.

※ 「私に」는 생략해도 나에게 준 것이라는 것을
　알 수 있다.

～に ～에게, ～로부터

プレゼント 선물

弟 남동생

お菓子 과자

문법 노트

▌ もらう : (내가 남에게/남이 남에게) 받다

は/が　　　もらう　　　　に/から
　　　　　　받다

<table>
<tr><td>私
弟
田中さん</td><td>は/が</td><td>彼氏
鈴木さん
キムさん</td><td>に/から</td><td>プレゼント
お菓子
本</td><td>を もらいました。</td></tr>
</table>

▶ 수수표현 2 (이익이 되는 일·행위를 주고 받음)

▌ V(て형) + て あげる : (내가 남에게/남이 남에게) ~해 주다

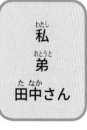

は/が　　　　～て あげる　　　に
　　　　　　　～해 주다

<table>
<tr><td>私
キムさん</td><td>は/が</td><td>友だちに カレーを 作っ
田中さんに 映画の チケットを 買っ</td><td>て あげました。</td></tr>
</table>

～から ~로부터,
　　　~한테서

152

▌ V(て형) ＋ て くれる : (남이 나에게) ～해 주다

は/が　　　　～て くれる　　　　に
　　　　　　　～해 주다

| 友だち
鈴木さん | は/が | 私に カレーを 作っ
妹 を 手伝って | て くれました。 |

※「私に」는 생략해도 나에게 준 것이라는 것을
　알 수 있다.

▌ V(て형) ＋ て もらう : (내가 남에게/남이 남에게) ～해 받다

は/が　　　　～て もらう　　　　に
　　　　　　　～해 받다

| 私
妹
田中さん | は/が | 友だち
鈴木さん
キムさん | に | カレーを 作っ
手伝っ
映画の チケットを 買っ | て もらいました。 |

妹　여동생
手伝う　도와주다

🎧 10-03

N(人)	に		N		を あげました。	~에게 ~을/를 주었습니다.
N(人)	が		N		を くれました。	~이/가 ~을/를 주었습니다.
N(人)	に		N		を もらいました。	~에게 ~을/를 받았습니다.

✏️ 예

> ケンに お金を あげました。
> 켄에게 돈을 주었습니다.

ケン 켄 (일본인 이름)

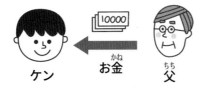

ケン　お金　父

父 아버지

> 父が お金を くれました。 아버지가 돈을 주었습니다.
>
> 父に お金を もらいました。 아버지에게 돈을 받았습니다.

①

> ケンに ＿＿＿＿＿＿＿＿＿＿＿＿＿＿＿＿＿

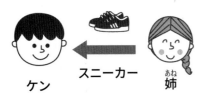

ケン　スニーカー　姉

姉 누나, 언니

スニーカー 운동화

> 姉が ＿＿＿＿＿＿＿＿＿＿＿＿＿＿＿＿
>
> 姉に ＿＿＿＿＿＿＿＿＿＿＿＿＿＿＿＿

②

ケンに _____

ケン　チョコレート　エリ

エリ 에리 (일본인 이름)

チョコレート
초콜릿

エリが _____

エリに _____

③

ケンに _____

ケン　帽子（ぼうし）　山田（やまだ）さん

帽子（ぼうし）모자

山田（やまだ）さんが _____

山田（やまだ）さんに _____

🎧 10-04

> N(人) が V(て형) て くれました。 ~이/가 (나에게) ~해 주었습니다.
>
> N(人) に V(て형) て あげました。 ~에게 ~해 주었습니다.
>
> N(人) に V(て형) て もらいました。 ~에게 ~해 받았습니다.

✏️ 例 カレーの 作り方を 教える

エリに カレーの 作り方を
教えて あげました。
에리에게 카레 만드는 법을 가르쳐 주었습니다.

母 어머니
作り方 만드는 법

母が カレーの 作り方を 教えて くれました。
母に カレーの 作り方を 教えて もらいました。
어머니가 카레 만드는 법을 가르쳐 주었습니다.

① パソコンを 貸す

エリ

友だち

エリに _____

_____

友だちが _____
友だちに _____

② 自転車^{じてんしゃ}を 直^{なお}す

直^{なお}す 고치다
兄^{あに} 형, 오빠

兄^{あに}

エリ

エリに _____

_____

兄^{あに}が _____

兄^{あに}に _____

③ 家^{いえ}まで 送^{おく}る

送^{おく}る 바래다주다

エリさん

田中^{たなか}さん

エリさんを _____

_____

田中^{たなか}さんが_____

田中^{たなか}さんに_____

회화

01 🎧 10-05

🧕 キムさん、部屋の 掃除は もう 終わりましたか。

👨 はい。田中さんに 手伝って もらって 今 やっと 終わりましたよ。

🧕 へえ、田中さんは 本当に いい 友だちですね。

やっと 겨우, 간신히

02 🎧 10-06

🧑 日本の 食べ物が たくさん ありますね。

🧑 ええ。先週 母に 送って もらいました。

🧑 へえ、そうですか。その すてきな セーターもですか。

🧑 ええ。母は 編み物が 趣味で よく 作って くれます。

🧑 えっ、これ 山田さんの お母さんが 作った セーターですか。

すごいですね。

🧑 いいえ。そんな こと ありません。

🧑 いやいや。本当に すごいです。

教えて もらいたい ぐらいですね。

すてきだ	근사하다, 대단하다
セーター	스웨터
編み物	뜨개질
趣味	취미
お母さん	어머니
そんな	그런
いやいや	아니 아니

연습 문제

1. ( ) 안에서 적당한 말을 고르세요.

   1 私はワンさん (に / を) ペンを あげました。

   2 ワンさん (は / に) 兄 (は / に) 車の 雑誌を くれました。

   3 兄 (は / に) ワンさん (は / に) 車の 雑誌を もらいました。

   4 田中さんは 私に カレーライスを 作って (あげました / くれました)。

   5 私は 田中さんに カレーライスを 作って (くれました / もらいました)。

2. 다음 그림을 보고 예와 같이 「あげる · くれる · もらう」를 사용한 문장을 만드세요.

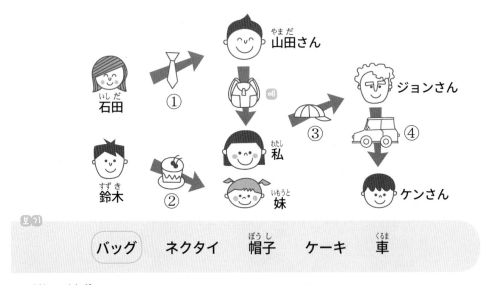

   보기

   | バッグ ネクタイ 帽子 ケーキ 車 |

   예 私は 山田さんに (から) バッグを もらいました。

   1 石田さんは_____

② 鈴木さんは_____

③ 私は_____

④ ケンさんは_____

3. 다음 문장을 일본어로 작문하세요.

① 나는 여동생에게 펜을 주었습니다.

→ _____

② 남동생이 선생님께 책을 받았습니다.

→ _____

③ 친구가 컴퓨터를 고쳐 주었습니다.

→ _____

④ 다나카 씨한테 도움을 받아서 이제 겨우 끝났습니다.

→ _____

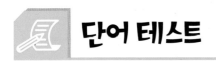
1. 다음 한자를 히라가나로 쓰세요.

1 お菓子　(　　　　　　　)　　2 帽子　　(　　　　　　　)

3 編み物　(　　　　　　　)　　4 作り方　(　　　　　　　)

5 趣味　　(　　　　　　　)　　6 作る　　(　　　　　　　)

7 手伝う　(　　　　　　　)　　8 直す　　(　　　　　　　)

2. 다음 단어를 일본어로 쓰세요.

1 선물　　(　　　　　　　)　　2 초콜릿　(　　　　　　　)

3 운동화　(　　　　　　　)　　4 스웨터　(　　　　　　　)

5 그런　　(　　　　　　　)　　6 근사하다　(　　　　　　)

7 아니 아니(　　　　　　　)　　8 겨우, 간신히

　　　　　　　　　　　　　　　　　(　　　　　　　)

한걸음 더

さしあげる・くださる・いただく

손윗사람에게 물건을 드리거나 받는 경우, 혹은 손윗사람이 물건을 주신 경우에는
다음과 같은 표현을 사용합니다.

- **さしあげる** (손아랫사람이 손윗사람에게 물건을) 드리다
- **くださる** (손윗사람이 손아랫사람에게 물건을) 주시다
- **いただく** (손아랫사람이 손윗사람에게 물건을) 받다

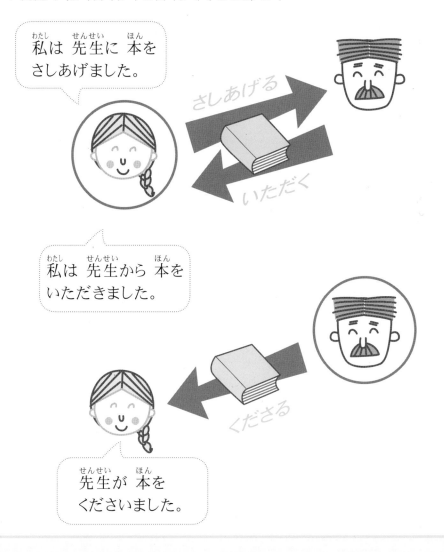

私は 先生に 本を
さしあげました。

さしあげる

いただく

私は 先生から 本を
いただきました。

くださる

先生が 本を
くださいました。

11

ビールは ちゃんと
冷^ひやして あります。

학습 목표
1. 자동사, 타동사의 의미 및 문장의 특징에 대해 이해한다.
2. '동작의 진행(〜고 있다)', '결과의 상태(〜어 있다)'에 관한 표현을 익힌다.
3. 어떠한 목적을 위한 준비 행위, 즉, 「〜て おく(〜해 두다)」 문형을 익혀 상황에 맞게 사용할 수 있다.

🎧 11-01

・冷蔵庫 (れいぞうこ) 냉장고	・壊れる (こわ) 부서지다, 고장나다
・終電 (しゅうでん) 마지막 전철 (막차)	・住む (す) 살다, 거주하다
・つくば 쓰쿠바 (일본 이바라키현 지명)	・泣く (な) 울다
・メールアドレス 이메일 주소	
	・遠い (とお) (공간이나 시간이) 멀다
・〜本 (ほん) 〜병/자루 (가늘고 긴 물건을 세는 말)	
*二本 (にほん) 두 병	・ちゃんと 확실히, 틀림없이
	・とりあえず 우선, 일단
・落ちる (お) 떨어지다	・もう 벌써, 이제
・通う (かよ) 다니다, 오가다	

🎧 11-02

타동사	자동사
開ける (あ) 열다	開く (あ) 열리다
閉める (し) 닫다	閉まる (し) 닫히다
入れる (い) 넣다	入る (はい) 들어가다
つける 켜다	つく 켜지다
消す (け) 끄다	消える (き) 꺼지다
止める (と) 세우다	止まる (と) 서다
並べる (なら) 나란히 놓다	並ぶ (なら) 나란히 서다
冷やす (ひ) 차게 하다	冷える (ひ) 차가워지다

문법 노트

▶ 타동사 VS 자동사

일본어의 동사는 목적어(대상)를 취하는 '타동사'와 취하지 않는 '자동사'로 분류된다 (일반적으로 타동사는 조사로 「を」를 취하며, 자동사는 「を」를 취하지 않음).

또한, 타동사 문장은 다음과 같이 동작을 하는 사람에, 자동사 문장은 동작을 받는 대상 (사물)에 주목하며, 이 특징에 의해 '결과의 상태'를 나타내는 표현인 「(타동사)+て ある」 「(자동사)+て いる」에는 의미상의 차이가 생기게 된다(p.168참조).

山田さんが ドアを 開ける

ドアが 開く

▶ 타동사 + て いる / て ある

窓を 開けて いる 창문을 열고 있다

窓が 開けて ある 창문이 열려 있다

▌ ~て いる : ~고 있다 (동작의 진행)

(사람) が	窓 電気 車	を	開け 消し 止め	て います。

▌ ~て ある : ~어 있다 (결과의 상태)

	窓 電気 車	が	開け 消し 止め	て あります。

開く 열리다
消す 끄다

문법 노트

▶ **자동사 + て いる** : ~고 있다 (동작의 진행)/~어 있다 (결과의 상태)

　　자동사는 타동사와 달리 「て いる」 한 가지의 형태로 '동작의 진행'과 '결과의 상태' 양쪽 모두를 나타낸다(단, 자동사 '동작의 진행'에는 「泣く」「遊ぶ」「走る」 등과 같이 일정 시간 동안 움직임이 지속되는 계속 동사만 사용).

(사람) が　　泣い
　　　　　　　遊ん　　　て(で) います。
　　　　　　　走っ

窓
電気　が　　開い
車　　　　　消え　　　て います。
　　　　　　　止まっ

※ 다음과 같이 「結婚する」「知る」「住む」 등의 동사는 항상 「て いる」 형태로 현재의 상태를 나타낸다.

- **結婚する**　　例 A : 結婚して いますか。 결혼했습니까?
  결혼하다
  　　　　　　B : はい、結婚して います。 / いいえ、結婚して いません。
  　　　　　　　　네, 결혼했습니다. 　　　　　　아니요, 결혼 안 했습니다.

- **知る**　　　例 A : 先生の 電話番号を 知って いますか。
  알다　　　　　　선생님 전화번호를 압니까?
  　　　　　　B : はい、知って います。 / いいえ、知りません。
  　　　　　　　　네, 압니다. 　　　　　　아니요, 모릅니다.

- **住む**　　　例 A : どこに 住んで いますか。 어디에 삽니까?
  살다　　　　B : 東京に 住んで います。 도쿄에 삽니다.

泣く 울다
消える 꺼지다
住む 살다

▶ **타동사 + て ある VS 자동사 + て いる**

窓が 開けて あります。

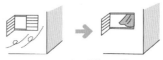

窓が 開いて います。

✏️ 결과의 상태 연습

다음의 동사를 '결과의 상태'를 나타내는 문장으로 바꾸어 보세요.

타동사 (て ある)	자동사 (て いる)
開ける 열다 → 開けて ある	開く 열리다 → 開いて いる
閉める 닫다 → _____	閉まる 닫히다 → _____
つける 켜다 → _____	つく 켜지다 → _____
止める 세우다 → _____	止まる 서다 → _____

▶ 자 · 타동사 + て おく : ~해 두다 (준비)

ビールを 冷蔵庫に 入れ
映画の チケットを 買っ   て おきます。
ホテルを 予約し

┃ ~て おく VS ~て ある

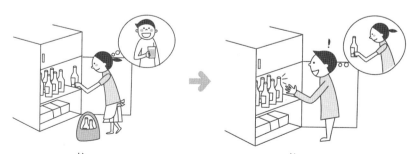

ビールを 入れて おきます   ビールが 入れて あります

冷蔵庫 냉장고

🎧 11-03

N が V(자동사) て います。

~이/가 ~어 있습니다.

✏️ 예 窓が 開く

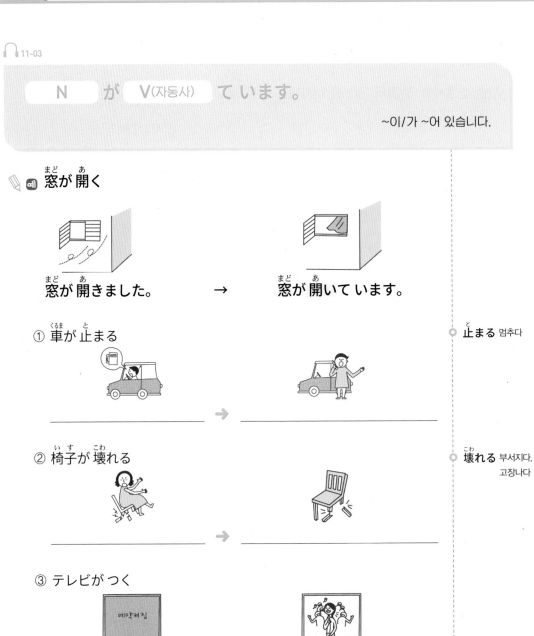

窓が 開きました。　→　窓が 開いて います。

① 車が 止まる

_____ → _____

止まる 멈추다

② 椅子が 壊れる

_____ → _____

壊れる 부서지다,
고장나다

③ テレビが つく

_____ → _____

④ お金が 落ちる

_____ → _____

落ちる 떨어지다

🎧 11-04

| N | を | V(타동사) | て おきました。 | ~을/를 ~해 두었습니다. |

| N | が | V(타동사) | て あります。 | ~이/가 ~어 있습니다. |

✏️ 📖 窓を 開ける

窓を 開けて おきました。　→　窓が 開けて あります。

① 本を 並べる

    →

○ 並べる 나란히 놓다

② ビールを 冷やす

    →

③ 食べ物を 買う

    →

④ クーラーを つける

    →

01 🎧 11-05

〈술집〉

いらっしゃいませ。何名様^{なんめいさま}ですか。

4人^{よにん}です。

こちらへ どうぞ。

すみません。

はーい。

ビールは 冷^ひえて いますよね。

はい、もちろんです。ちゃんと 冷^ひやして あります。

じゃあ、とりあえず ビールを 二本^{にほん} ください。

はい。かしこまりました。

冷^ひえる	차가워지다
ちゃんと	확실히, 틀림없이
冷^ひやす	차게 하다
とりあえず	우선, 일단
~本^{ほん}	~병, ~자루

02 🎧 11-06

😀 パクさんは 今
いま
 どこに 住
す
んで いますか。

😊 つくばです。

😀 へえ、そうですか。結構
けっこう
 遠
とお
いですね。

😊 ええ。

😀 毎日
まいにち
 学校
がっこう
までは 何
なに
で 通
かよ
って いますか。

😊 毎日
まいにち
 電車
でんしゃ
ですね。あ、もう 行
い
かなければ なりませんね。

終電
しゅうでん
の 時間
じかん
です。

😀 あら、そうですか。じゃ、帰
かえ
りましょう。

つくば 쓰쿠바 (지명)
遠
とお
い 멀다
通
かよ
う 다니다
もう 벌써, 이제
終電
しゅうでん
 막차

연습 문제

1. ( ) 안에서 적당한 말을 고르세요.

① 電気が (消します / 消えます)。

② 窓が 開けて (います / あります)。

③ 私は 毎朝 公園を 走って (あります / います)。

④ 家の 前に 車が (止まって / 止めて) います。

⑤ 私が クーラーを つけて (ありました / おきました)。

2. 다음 그림의 상황에 대해 보기 안의 표현과 「〜て いる」「〜て ある」 문형을 사용하여 설명하세요.

예 ドアが 閉めて あります。

보기

ドアを 閉める　電気がつく　窓を 開ける　子どもが 遊ぶ

本が 並ぶ　お母さんが コーヒーを 飲む

① _____

② _____

③ _____

④ _____

⑤ _____

閉める 닫다

つく 켜지다

並ぶ 나란히 서다

3. 다음 질문에 대답하세요.

① あなたは 結婚して いますか。
けっこん

→ _____

② あなたは 今 どこに 住んで いますか。
いま　　　　　　　す

→ _____

③ あなたは 今 何を して いますか。
いま なに

→ _____

④ あなたは 日本語の 先生の メールアドレスを 知って いますか。
に ほん ご　　せんせい　　　　　　　　　　　　し

→ _____

メールアドレス
이메일 주소

3. 다음 문장을 일본어로 작문하세요.

① 창문이 열려 있습니다.

→ _____

② 주스가 (누군가에 의해) 냉장고에 넣어져 있습니다.

→ _____

③ 결혼했습니까?

→ _____

④ 영화 티켓을 사 두겠습니다.

→ _____

단어 테스트

1. 다음 그림을 보고 알맞은 동사를 쓰세요.

1

(   )   (   )

2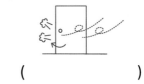

(   )   (   )

3

(   )   (   )

4

(   )   (   )

5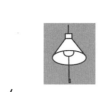

(   )   (   )

6

(   )   (   )

7 (   )   (   )

8 (   )   (   )

2. 다음 한자를 히라가나로 쓰세요.

1 冷蔵庫 (   )   2 終電   (   )

3 落ちる (   )   4 通う   (   )

5 住む   (   )   6 泣く   (   )

7 遠い   (   )

3. 다음 단어를 일본어로 쓰세요.

1 확실히   (   )   2 벌써, 이제 (   )

3 우선, 일단 (   )

일본어 회화체(축약형)

　지금까지 학습해 온 여러 문형들은 실제 회화에서 다음과 같이 축약되어 사용되는 경우가 있습니다. 자연스러운 일본어 회화를 구사하기 위해서 다음과 같은 회화체 표현도 함께 알아 둡시다.

(1)	～なければ ～하지 않으면	～なきゃ
(2)	～て あげる ～해 주다	～たげる
(3)	～て いる ～하고 있다	～てる
(4)	～て おく ～해 두다	～とく

A : 今日 一杯 飲む。↗ 오늘 한잔 할래?
B : ごめん。今日は レポートを 書かなきゃ ならないの。
　　미안, 오늘은 리포트 써야 해.

A : 家まで 送ったげるね。집까지 바래다 줄게.
B : 本当。↗ ありがとう。 정말? 고마워.

A : 今何 してる。↗ 지금 뭐해?
B : 今。↗ 昼ごはん 食べてるけど。
　　지금? 점심 먹고 있는데….

A : 今晩 映画でも 見に 行く。↗ 오늘 밤 영화라도 보러 갈래?
B : いいね。予約しとくね。 좋지, 예약해 둘게.

12

昨日(きのう)から ずっと 頭(あたま)が
痛(いた)いんです。

학습 목표 1. 판단을 확인하거나 설명을 요구하는 표현을 말할 수
있다.
2. 사정이나 이유를 설명할 수 있다.

새로운 어휘

🎧 12-01

- **外国**^{がいこく} 외국
- **事故**^{じこ} 사고
- **試験**^{しけん} 시험
- **用事**^{ようじ} 볼일, 용무
- **調子**^{ちょうし} 상태, 컨디션
  - * **体の調子がいい/悪い**^{からだ ちょうし わる} 몸 상태가 좋다/나쁘다
- **寒気**^{さむけ} 한기, 오한
- **せき** 기침
  - * **せきが出る**^で 기침이 나오다
- **鼻水**^{はなみず} 콧물
  - * **鼻水が出る**^{はなみず で} 콧물이 나오다
- **熱**^{ねつ} 열
  - * **熱がある**^{ねつ} 열이 있다
- **朝寝坊**^{あさねぼう} 늦잠
  - * **朝寝坊する**^{あさねぼう} 늦잠을 자다

- **願い**^{ねが} 부탁, 소원, 바람
  - * **お願いがある**^{ねが} 부탁이 있다
- **財布**^{さいふ} 지갑
- **カメラ** 카메라
- **ダイエット** 다이어트
  - * **ダイエット中**^{ちゅう} 다이어트 중
- **優先席**^{ゆうせんせき} 우선석

- **空く**^あ 비다
- **はかる** 재다, 측정하다
  - * **熱をはかる**^{ねつ} 열을 재다

- **ずっと** 계속, 쭉, 줄곧
- **どうして** 왜, 어째서

🎧 12-02

- **どうしたんですか。** 무슨 일이에요?/어떻게 된 거예요?
- **どうかしましたか。** 무슨 문제가 있어요? (병원 등에서는 '어디가 아프세요?'의 의미로 쓰임.)

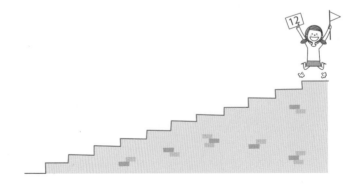

▶ 보통형 + んです ： ~거든요

(1) 보고 들은 것을 통하여 판단한 것을 확인하고자 할 때

(2) 사정이나 이유를 설명할 때

(3) 설명을 요구할 때

동사	行<ruby>行<rt>い</rt></ruby>く 行<ruby>行<rt>い</rt></ruby>かない 行<ruby>行<rt>い</rt></ruby>った 行<ruby>行<rt>い</rt></ruby>かなかった	な형용사	好<ruby>好<rt>す</rt></ruby>きな 好<ruby>好<rt>す</rt></ruby>きじゃ ない 好<ruby>好<rt>す</rt></ruby>きだった 好<ruby>好<rt>す</rt></ruby>きじゃ なかった

+んです （동사/い형용사 쪽）   +んです （な형용사/명사 쪽）

い형용사	おいしい おいしく ない おいしかった おいしく なかった	명사	学生<ruby>学生<rt>がくせい</rt></ruby>な 学生<ruby>学生<rt>がくせい</rt></ruby>じゃ ない 学生<ruby>学生<rt>がくせい</rt></ruby>だった 学生<ruby>学生<rt>がくせい</rt></ruby>じゃ なかった

※な형용사・명사 ~~だ~~ → なんです

A : あれ、どこか 外国<ruby>外国<rt>がいこく</rt></ruby>へ 行<ruby>行<rt>い</rt></ruby>くんですか。(확인)

어, 어디 외국에 가는 건가요?

B : ええ、中国<ruby>中国<rt>ちゅうごく</rt></ruby>へ 行<ruby>行<rt>い</rt></ruby>くんです。(설명)

예, 중국에 가거든요.

A : どうして 遅<ruby>遅<rt>おく</rt></ruby>れたんですか。(설명 요구)

왜 늦은 건가요?

B : 実<ruby>実<rt>じつ</rt></ruby>は、事故<ruby>事故<rt>じ こ</rt></ruby>が あったんです。(설명)

실은, 사고가 있었거든요.

外国<ruby>外国<rt>がいこく</rt></ruby> 외국

どうして 왜, 어째서

事故<ruby>事故<rt>じ こ</rt></ruby> 사고

문형 연습

🎧 12-03

> **보통형** んです。
>
> ~거든요.

🔊 **예1** 明日 試験が あります。

A : 今晩、飲みに 行きませんか。

B : すみません、明日 試験が あるんです。

○ 試験 시험

 ①   ②   ③    ④

① 体の 調子が 悪いです   ② お酒が 飲めません

③ 今日は 母の 誕生日です   ④ 早く 帰らなければ なりません

○ 調子 상태, 컨디션

🔊 **예2** お腹が 痛いです。

A : どうしたんですか。

B : お腹が 痛いんです。

 ①   ②   ③   ④

① せきが 出ます   ② 寒気が します

③ 熱が あります   ④ 鼻水が 出ます

○ せき 기침
   寒気 오한
   熱 열
   鼻水 콧물

🎧 12-04

どうして　[보통형]　んですか。　　　　　왜/어째서 ~건가요?

[보통형]　んです。　　　　　　　　　~거든요.

✏️ 예　遅れました / 朝寝坊しました　　　　　　　　　朝寝坊 늦잠

A：どうして 遅れたんですか。

B：朝寝坊したんです。

① 泣いて います / ねこが 死にました

A：_____

B：_____

② 昨日 来ませんでした / 昨日は とても 忙しかったです

A：_____

B：_____

③ 食べません / お腹が いっぱいです

A：_____

B：_____

🎧 12-05

문장(보통형)　んですが、　[문장]　　　　　~(ㄴ)데요, ~.

✏️ 예　お願いが あります ＋ 今 いいですか　　　　　お願い 부탁, 소원,
　　　　　　　　　　　　　　　　　　　　　　　　　　바람
　→ お願いが あるんですが、今 いいですか。

① カメラを 買いたいです / どこが 安いですか　　　　カメラ 카메라

　→ _____

② 財布を 忘れました / お金を 貸して くれませんか　　財布 지갑

　→ _____

회화

01 🎧 12-06

今日は どうか しましたか。

昨日から ずっと 頭が 痛いんです。

それでは、熱を はかって みましょう。

あ、熱が 少し ありますね。のども 痛いですか。

いえ、のどは 痛く ないです。

鼻水は 出て いますか。

はい、少し 出て います。

じゃ、ちょっと みて みましょう。

ずっと 계속, 쭉, 줄곧

はかる 재다

184

02 🎧 12-07

😟 こんにちは。

🙂 こんにちは。木村<ruby>木村<rt>き むら</rt></ruby>さん、これから みんなで カラオケに <ruby>行<rt>い</rt></ruby>くんですが、<ruby>一緒<rt>いっしょ</rt></ruby>に <ruby>行<rt>い</rt></ruby>きませんか。

😟 すみません。<ruby>今日<rt>きょう</rt></ruby>は ちょっと…。

🙂 なにか <ruby>用事<rt>よう じ</rt></ruby>でも あるんですか。

😟 ええ、<ruby>実<rt>じつ</rt></ruby>は <ruby>今日<rt>きょう</rt></ruby> <ruby>母<rt>はは</rt></ruby>の <ruby>誕生日<rt>たんじょう び</rt></ruby>なんです。

<ruby>用事<rt>よう じ</rt></ruby> 볼일, 용무

연습 문제

1. 다음 밑줄 친 부분의 적당한 것을 골라 대화를 완성하세요.

① A : 明日、映画を 見に 行きませんか。

B : 明日は ちょっと。

A : 暇なんですか / 忙しいんですか。

② 先生 : きのうの 試合、おもしろかったね。

学生 : 先生も 見たんですか / 見なかったんですか。

③ A : また、食べるんですか。

B : 私、これ 好きなんです / 好きじゃ ないんです。

④ ちょっと お願いが あるんですが / ないんですが、今 いいですか。

2. 다음 예와 같이 보기에서 단어를 골라 적당한 형태로 바꾸어 대화를 완성하세요.

> **보기**
>
> ある　座る　見ている　遅れる　ダイエット中

예 A : 映画の チケットが あるんですか、一緒に 行きませんか。

B : ええ、行きましょう。

① A : あそこ、空いて いますよ。どうして ＿＿＿＿＿＿＿＿＿＿んですか。

B : あそこは 優先席ですから。

ダイエット 다이어트
空く 비다
優先席 우선석

186

② A：どうして 食べないんですか。

B：今＿＿＿＿＿＿＿＿＿んです。

③ A：どうして＿＿＿＿＿＿＿＿んですか。

B：実は、朝寝坊したんです。

④ A：テレビを 消しても いいですか。

B：すみません。今＿＿＿＿＿＿＿＿んです。

3. 다음 문장을 일본어로 작문하세요.

① 무슨 일이에요(어떻게 된 거예요)?

→ ＿＿＿＿＿＿＿＿＿＿＿＿＿＿＿

② 왜 늦은 건가요?

→ ＿＿＿＿＿＿＿＿＿＿＿＿＿＿＿

③ 부탁이 있는데요, 지금 괜찮습니까?

→ ＿＿＿＿＿＿＿＿＿＿＿＿＿＿＿

④ 실은 오늘 어머니 생일이거든요.

→ ＿＿＿＿＿＿＿＿＿＿＿＿＿＿＿

1. 다음 한자를 히라가나로 쓰세요.

1 外国 ( )	2 事故 ( )
3 試験 ( )	4 調子 ( )
5 鼻水 ( )	6 寒気 ( )
7 用事 ( )	8 優先席 ( )
9 朝寝坊 ( )	10 願い ( )
11 財布 ( )	12 空く ( )

2. 다음 단어를 일본어로 쓰세요.

1 기침 ( )   2 카메라 ( )

3 다이어트 ( )   4 계속, 쪽, 줄곧
( )

5 재다, 측정하다
( )

한걸음 더

신체 용어

몸이 아플 때 어디가 아픈지 말할 수 있도록 일본어로 신체 용어를 알아 볼까요?

A: どうしたんですか。↗
かおいろ わる
顔色が 悪いですね。

왜 그래요? 안색이 나쁘네요.

なか いた
B: お腹が 痛いんです。

배가 아프거든요.

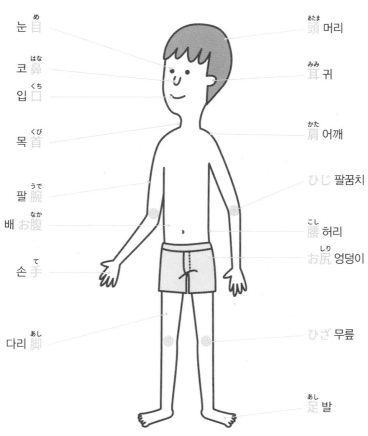

눈 め
目

코 はな
鼻

입 くち
口

목 くび
首

팔 うで
腕

배 なか
お腹

손 て
手

다리 あし
脚

あたま
頭 머리

みみ
耳 귀

かた
肩 어깨

ひじ 팔꿈치

こし
腰 허리

しり
お尻 엉덩이

ひざ 무릎

あし
足 발

부록

- 연습 문제 정답
- 회화 해석
- 동사 활용 및 문형 정리
- 색인(Index)

Lesson 01

1. ① が
   ② 帰（かえ）り
   ③ なにも
   ④ に
   ⑤ に

2. 각자의 상황에 맞추어 자유롭게 작성해 봅시다.

3. ① 私（わたし）は かわいい 猫（ねこ）が ほしいです。
   ② 疲（つか）れましたから、なにも やりたく ない です。
   ③ お腹（なか）が すきましたね。
   ④ 今週（こんしゅう）の 土曜日（どようび）に 映画（えいが）を 見（み）に 行（い）きませ んか。

Lesson 02

1. ① に
   ② 帰（かえ）って
   ③ 急（いそ）いで
   ④ に
   ⑤ 行（い）って

2. ① 食（た）べて
   ② 待（ま）って
   ③ 書（か）いて
   ④ 教（おし）えて
   ⑤ がんばって
   ⑥ とって

3. 각자의 상황에 맞추어 자유롭게 작성해 봅시다.

4. ① 毎朝（まいあさ）新聞（しんぶん）を 読（よ）んで います。
   ② 6時（ろくじ）に 起（お）きて、朝（あさ）ごはんを 食（た）べて、 学校（がっこう）へ 行（い）きます。

③ 時間（じかん）が ありませんから、急（いそ）いで くだ さい。

Lesson 03

1. ① 終（お）わって
   ② 飲（の）んで
   ③ 借（か）りても
   ④ 吸（す）っては
   ⑤ 飲（の）み

2. ① けいたいを 使（つか）っ
   ② 寝（ね）
   ③ 友（とも）だちと 話（はな）し
   ④ パンを 食（た）べ

3. 각자의 상황에 맞추어 자유롭게 작성해 봅시다.

4. ① いつも 音楽（おんがく）を 聞（き）きながら 勉強（べんきょう）を します。
   ② 今（いま）トイレに 行（い）っても いいですか。
   ③ ここで たばこを 吸（す）っては いけません。
   ④ この 靴（くつ）を はいて みても いいですか。

Lesson 04

1. ① 乗（の）った
   ② あります
   ③ 洗濯（せんたく）を したり
   ④ 寝（ね）る
   ⑤ した

2. 각자의 상황에 맞추어 자유롭게 작성해 봅시다.

3. ① 日本人（にほんじん）と 話（はな）した ことが ありますか。
   ② ご飯（はん）を 食（た）べる 前（まえ）に 手（て）を 洗（あら）います。
   ③ 運動（うんどう）の 後（あと）、シャワーを 浴（あ）びます。
   ④ 本（ほん）を 読（よ）んだり テレビを 見（み）たり します。

Lesson 05

1. ① 朝ごはんを 食べないで、学校へ 行きます。
   ② 寝ないで、勉強しました。
   ③ 学校へ 行かないで、遊びました。
   ④ お風呂に 入らないで、寝ました。

2. ① 電気を つけないで ください。
   ② 見ないで ください。
   ③ 止めないで ください。
   ④ 開けないで ください。
   ⑤ 忘れないで ください。

3. ① みんな 忘れないで ください。
   ② 砂糖を 入れないで、コーヒーを 飲みます。
   ③ 会社へ 行かないで、家で 仕事を します。
   ④ テストは 簡単ですから、心配しないで ください。
   ⑤ 危ないですから、押さないで ください。

Lesson 06

1. ① 受けなくても
   ② 休んだ
   ③ 行かなければ
   ④ つけなくても
   ⑤ 開けた

2. ① 心配しない 方が いいです。
   ② 図書館で 勉強した 方が いいです。
   ③ お酒を 飲まない 方が いいです。
   ④ 明日 早く 起きた 方が いいです。

3. 각자의 상황에 맞추어 자유롭게 작성해 봅시다.

4. ① 今日は レポートを 書かなければ なりません。
   ② スーツを 着た 方が いいです。
   ③ お酒を 飲まない 方が いいです。
   ④ 急がなくても いいです。

Lesson 07

1. ① 暇じゃ ない。
   ② 行く。
   ③ 見た。
   ④ おもしろく なかった。
   ⑤ 日本人じゃ ない。

2. ① 作った
   ② 吸って いる
   ③ 来なかった
   ④ ほしかった
   ⑤ ある
   ⑥ 使う

3. ① 遅れる 時は 必ず 電話して ください。
   ② 今朝の ニュース 見た。
   ③ 今 時間が ない。
   ④ 先週は とても 忙しかった。
   ⑤ 図書館で 借りた 本です。

Lesson 08

1. ① 鈴木さんは たぶん 学校に いる
   ② 木村さんは いい 先生だった
   ③ イさんは まじめだ
   ④ 日曜日は 人が 多い

2. ① 中国へ 行きたい
   ② 去年 結婚した

③ 野球が 好きだ

④ 頭が 痛い

3. ① 遅く なって すみません。

② いい 人だと 思います。

③ 10分ぐらい 遅れると 言いました。

④ 去年 結婚したと 言いました。

Lesson 09

1. ① 寝られませんでした

② 泳ぐ

③ が

④ して います

⑤ なりました

2. ① 買えません(買う ことが できません)

② 勉強できません(勉強する ことが でき

ません)

運転できません(運転する ことが でき

ません)

③ 食べられません(食べる ことが できま

せん)

④ 遊びに 行けません(遊びに 行く ことが

できません)

3. 각자의 상황에 맞추어 자유롭게 작성해 봅시다.

① はい、乗れます。/ いいえ、乗れません。

② はい、できます。/ いいえ、できません。

③ はい、行けます。/ いいえ、行けません。

4. ① 私は 日本語が できます。

② 朝 早く 起きる ように して います。

③ お酒を 飲まない ように なりました。

④ 私は 10分も 走れません。

　= 私は 10分も 走る ことが できません。

Lesson 10

1. ① に

② は / に

③ は / に

④ くれました

⑤ もらいました

2. ① 山田さんに ネクタイを あげました。

② (私の) 妹に ケーキを くれました。

③ ジョンさんに 帽子を あげました。

④ ジョンさんに(から) 車を もらいました。

3. ① 私は 妹に ペンを あげました。

② 弟が 先生に(から) 本を もらいました。

③ 友だちが パソコンを 直して くれました。

④ 田中さんに 手伝って もらって 今 やっと

終わりました。

Lesson 11

1. ① 消えます

② あります

③ います

④ 止まって

⑤ おきました

2. ① 電気が ついて います。

② 窓が 開けて あります。

③ 子どもが 遊んで います。

④ 本が 並んで います。

⑤ お母さんが コーヒーを 飲んで います。

3. 각자의 상황에 맞추어 자유롭게 작성해 봅시다.

① はい、結婚して います。/

いいえ、結婚して いません。

② (지명)に 住んで います。

③ 日本語の 勉強を して います。

④ はい、知って います。/

いいえ、知りません。

4. ① 窓が 開いて います。

② ジュースが 冷蔵庫に 入れて あります。

③ 結婚して いますか。

④ 映画の チケットを 買って おきます。

Lesson 12

1. ① 忙しいんですか

② 見たんですか

③ 好きなんです

④ あるんですが

2. ① 座らない

② ダイエット中な

③ 遅れた

④ 見て いる

3. ① どうしたんですか。

② どうして 遅れたんですか。

③ お願いが あるんですが、今 いいですか。

④ 実は 今日 母の 誕生日なんです。

Lesson 01

01

김 씨, 이번 주 토요일에 영화를 보러 가지 않을래요?

좋네요. 가요. 어떤 영화가 보고 싶어요?

오랜만에 한국 영화가 보고 싶네요.

한국 영화를 좋아해요?

네, 매우 좋아해요.

02

여보세요.

네, 기무라입니다.

기무라 씨, 지금 어디예요?

지금 공항이에요.

앗, 공항이에요? 어디 여행 가요?

아니요, 친구를 마중하러 왔어요.

03

배가 고프네요.

그러네요.

뭔가 먹지 않을래요?

네, 저는 라면이 먹고 싶어요.

Lesson 02

01

안녕하세요?

안녕하세요? 어, 다른 사람들은요?

야마다 씨와 스즈키 씨는 아직 자고 있어요.

그래요? 다나카 씨는요?

식당에서 아침밥을 먹고 있어요.

02

죄송한데, 사진 (좀) 찍어 주세요.

네.

여기를 눌러 주세요.

네, 알겠습니다. 그럼, 찍습니다.

감사합니다.

Lesson 03

01

어서 오세요.

이 구두, 예쁘네요. 좀 보여 주세요.

네, 알겠습니다.

어떻습니까?

정말 예쁘네요.

좀 신어 봐도 되나요?

네, 물론입니다. 사이즈는 얼마입니까?

24센티입니다.

네, 여기 있습니다.

02

저, 여기에서는 걸으면서 담배를 피우면 안 됩니다.

아, 그렇습니까? 몰랐습니다.

저쪽 흡연소에서 피우세요.

네, 알겠습니다. 정말 죄송합니다.

Lesson 04

01

다나카 씨는 막걸리를 마신 적이 있나요?

네, 물론입니다. 실은 맛있어서 매일 밤 마셔요.

네, 매일 밤이요?

하하하, 농담이에요. 하지만 매우 좋아해요.

다나카 씨는 일이 끝난 다음, 자주 마시러 갑니까?

네, 마시러 가기도 하고 집에서 마시기도 해요.

02

그런데 스즈키 씨, 다음에 같이 한국 요리를 먹으러 가지 않을래요?

좋네요. 어디로 갈까요?

회사 근처에 맛있는 한국 식당이 있습니다.
삼겹살이 정말로 맛있기 때문에 그 식당으로 갑시다.

Lesson 05

01

다음 주 월요일은 시험입니다.

네? 시험이에요?

무척 간단하니까 그다지 걱정하지 마세요.

그런데 선생님, 리포트 제출은 언제입니까?

리포트는 시험 때 제출해 주세요.
모두 잊지 마세요.

02

이 씨, 무엇을 하고 있어요?

리포트를 쓰고 있어요.

좀 봐도 돼요?

아니요, 안 돼요. 창피하니까 보지 마세요.

Lesson 06

01

독감입니다.

앗, 독감입니까?

네.

그럼, 입원해야 돼요?

아니요, 입원은 하지 않아도 됩니다. 하지만, 회사는 쉬는 편이 좋습니다. 그리고 반드시 마스크를 해 주세요.

아, 그렇습니까? 알겠습니다.

몸조심하세요.

02

상당히 좋아졌네요.

그렇습니까? 감사합니다.

하지만 아직 회사에는 가지 않는 편이 좋습니다.
앞으로 2, 3일 쉬어 주세요.

Lesson 07

01

저기, 오늘 아침 뉴스 봤어?

응, 봤어. 봤어.

굉장한 지진이었지. 에리는 지진이 났을 때, 괜찮았어?

책장이 쓰러져서 깜짝 놀랐어. 무서웠어. 지아는?

나도 집에 돌아갈 때 전철이 멈춰서 힘들었어.

02

김 씨, 일본 생활은 어떻습니까?

즐겁습니다만, 힘듭니다.

뭔가 곤란할 때는 언제든지 연락해 주세요.

감사합니다.

Lesson 08

01

이것은 어떻습니까?

좋다고 생각해요.

그럼, 이건요?

그것도 나쁘지 않다고 생각해요.

이건요?

그것이 가장 어울려요.

그럼, 이걸로 하겠습니다.

02

늦어서 죄송합니다.

아니요, 괜찮아요. 오늘 야마다 씨도 오죠?

네. 온다고 했어요. 어머, 다나카 씨도 아직이에요?

네, 10분 정도 늦는다고 합니다.
아마도 시합에는 늦지 않을 거라고 생각해요.

아, 그래요? 그런데 오늘 시합은 어느 팀이
이길 거라고 생각해요?

물론 저는 한국 팀이 이길 거라고 생각해요.

01

야, 이시다 씨, 안녕하세요?

어머, 박 씨 안녕하세요?

이시다 씨는 매일 이 공원에서 운동해요?

네. 건강을 위해서 매일 아침 1시간 정도 조깅을 하도
록 하고 있어요.

우와, 그래요? 저는 어제부터예요.

하하하, 그래요?

02

실은 저, 10분도 뛰지 못하는데, 이시다 씨는 제법 (잘)
뛰시네요.

그러네요. 1년 전부터 매일 연습해서 지금은 1시간 정
도는 뛸 수 있어요.
박 씨도 금방 뛸 수 있게 될 거예요.

그래요? 분발하겠습니다.

01

김 씨, 방 청소는 벌써 끝났나요?

네. 다나카 씨가 도와줘서 지금 겨우 끝났어요.

에헤, 다나카 씨는 정말로 좋은 친구네요.

02

일본 음식이 많이 있네요.

네, 지난주에 엄마가 보내주셨어요.

우와, 그래요? 그 멋진 스웨터도요?

네, 엄마는 뜨개질이 취미라서 자주 만들어 줘요.

앗? 이거 다나카 씨 어머님이 만든 스웨터예요?
대단하네요.

아니요, 그렇지 않아요.

아니에요. 정말로 멋져요.
배우고 싶을 정도예요.

01

어서 오세요. 몇 분이십니까?

4명이요.

이쪽으로 오세요.

여기요.

네~.

맥주는 차가워져 있지요?

네, 물론입니다. 확실히 차갑게 해 놓았습니다.

그럼, 우선 맥주를 두 병 주세요.

네. 알겠습니다.

박 씨는 지금 어디에 살고 있어요?

쓰쿠바요.

우와, 그래요? 꽤 머네요.

네.

매일 학교까지는 무엇으로 다니고 있어요?

매일 전철이죠. 아, 이제 가야 해요. 막차 시간이에요.

어머, 그래요? 그럼, 돌아갑시다.

오늘은 어디가 아프세요?

어제부터 계속 머리가 아파요.

그럼, 열을 재 봅시다.

아, 열이 조금 있네요. 목도 아파요?

아니요, 목은 아프지 않아요.

콧물은 나오나요?

네, 조금 나와요.

그럼, 좀 봅시다.

안녕하세요?

안녕하세요? 기무라 씨, 지금부터 모두 함께 노래방에

갈 건데요, 함께 가지 않을래요?

미안합니다. 오늘은 좀….

뭔가 볼일이라도 있어요?

네, 실은 오늘 엄마 생일이에요.

부록

▶ 동사 활용 및 문형 정리

사전형	ます형 〜합니다		ない형 〜하지 않다	
1그룹 会う 만나다	会い	ます	会わ	ない
行く 가다	行き	ます	行か	ない
話す 이야기하다	話し	ます	話さ	ない
泳ぐ 헤엄치다	泳ぎ	ます	泳が	ない
飲む 마시다	飲み	ます	飲ま	ない
帰る 돌아가다/오다	帰り	ます	帰ら	ない
2그룹 食べる 먹다	食べ	ます	食べ	ない
見る 보다	見	ます	見	ない
3그룹 する 하다	し	ます	し	ない
来る 오다	来	ます	来	ない

〜前に 〜하기 전에
〜ことが できる 〜할 수 있다

〜ましょう 〜합시다
〜ませんか 〜하지 않겠습니까
〜たい 〜하고 싶다
〜に 行く/来る 〜하러 가다/오다
〜ながら 〜하면서

〜ないで 〜하지 않고
〜ないで ください 〜하지 마세요
〜なくても いい 〜하지 않아도 괜찮다
〜なければ なりません 〜해야 합니다
〜ない 方が いい 〜하지 않는 편이 좋다
〜ない ようにする 〜하지 않도록 하다
〜ない ように なる 〜하지 않게 되다

て형 〜하고, 〜해서		た형 〜했다		가능형 〜할 수 있다
会っ	て	会っ	た	会える
行っ	て	行っ	た	行ける
話し	て	話し	た	話せる
泳い	で	泳い	だ	泳げる
飲ん	で	飲ん	だ	飲める
帰っ	て	帰っ	た	帰れる
食べ	て	食べ	た	食べられる
見	て	見	た	見られる
し	て	し	た	できる
来	て	来	た	来られる

〜て いる 〜하고 있다/〜해 있다

〜て ある 〜해져 있다

〜て ください 〜해 주세요/하세요

〜て から 〜하고 난 후에

〜て みる 〜해 보다

〜て おく 〜해 놓다/두다

〜ても いい 〜해도 좋다

〜ては いけません
　　　　　〜해서는 안 됩니다

〜て あげる 〜해 주다

〜て くれる 〜해 주다

〜て もらう 〜해 받다

〜た ことが ある 〜한 적이 있다

〜た 後で 〜한 후에

〜たり 〜たり する
　　　〜하거나 〜하거나 하다

〜た 方が いい 〜하는 편이 좋다

〜ように する
　　　〜할 수 있도록 하다

〜ように なる
　　　〜할 수 있게 되다

색인(Index)

あ행

あく (開く) 열리다	167
あく (空く) 비다	186
あける (開ける) 열다	083
あさ (朝) 아침	136
あさねぼう (朝寝坊) 늦잠	183
あと (後) 앞으로, 뒤, 다음	097
あに (兄) 형, 오빠	157
あね (姉) 누나, 언니	154
あぶない (危ない) 위험하다	083
あみもの (編み物) 뜨개질	159
あめ (雨) 비	125
あら 어머, 저런	142
あらう (洗う) 씻다, 닦다	047
あるく (歩く) 걷다	049
あれ 어, 어머나	038
いう (言う) 말하다	081
いしだ (石田) 이시다 (일본인의 성)	142
いそぐ (急ぐ) 서두르다	033
いたい (痛い) 아프다	128
いちど (一度) 한번	056
いちども (一度も) 한 번도	066
いつでも 언제든지	109
いっぱいだ 가득차다	021
いつも 항상, 언제나	037
いみ (意味) 의미	109
いもうと (妹) 여동생	153
いやいや 아니 아니	159
いれる (入れる) 넣다	034
インターネット 인터넷	136
インフルエンザ 인플루엔자, 독감	096
ううん 아니	112
うける (受ける) 받다, 응하다	094
うたう (歌う) 노래하다	069
うま (馬) 말	066
うん 응	110
うんてんする (運転する) 운전하다	049
うんどうする (運動する) 운동하다	037
えいがかん (映画館) 영화관	145
エリ 에리 (일본인 이름)	110
おおい (多い) 많다	122
おおごえ (大声) 큰 목소리	069
おかし (お菓子) 과자	151
おかゆ 죽	138
おくる (送る) 보내다, 배웅하다	139
おくれる (遅れる) 늦다, 지각하다	087
おしえる (教える) 가르치다	040
おしゃれだ 멋지다, 세련되다	018
おす (押す) ① 누르다 ② 밀다	034
おそい (遅い) 느리다, 늦다	127
おだいじに (お大事に) 몸조심하세요	096
おちる (落ちる) 떨어지다	170

おとうと (弟) 남동생　151

おなか (お腹) 배　021

おふろ (お風呂) 목욕통 (욕조)　034

おもう (思う) 생각하다　122

おわる (終わる) 끝나다　050

おんがく (音楽) 음악　036

か행

がいこく (外国) 외국　181

かいもの (買い物) 쇼핑　017

かく (書く) 쓰다　033

かす (貸す) 빌려주다　033

かぜ (風邪) 감기　109

かつ (勝つ) 이기다　127

かならず (必ず) 꼭, 반드시　096

かむ 씹다　049

ガム 껌　049

カメラ 카메라　183

かよう (通う) 다니다, 오가다　173

〜から 〜로부터, 〜한테서　152

カラオケ 노래방　068

かりる (借りる) 빌리다　019

カロリー 칼로리　120

がんばる (頑張る) 열심히 하다, 힘내다　033

きえる (消える) 꺼지다　168

きく (聞く) ① 듣다 ② 묻다　033

きつえんじょ (喫煙所) 흡연소　055

キックボード 킥보드　064

きょねん (去年) 작년　128

きる (着る) (옷을) 입다　095

クーラー 쿨러(cooler), 에어컨　083

くうこう (空港) 공항　019

くすり (薬) 약　093

くつ (靴) 구두　052

ゲーム 게임　036

けさ (今朝) 오늘 아침　110

けす (消す) 끄다　167

けっこう (結構) 꽤, 제법　143

けっこんする (結婚する) 결혼하다　20

ケン 켄 (일본인 이름)　154

けんこう (健康) 건강　142

こいびと (恋人) 애인, 연인　015

コピーする 복사하다　139

こまる (困る) 곤란하다　109

ごみ 쓰레기　081

ゴルフ 골프　139

こわれる (壊れる) 부서지다, 고장나다　170

こんしゅう (今週) 이번 주　022

さ행

サイズ 사이즈　054

さいふ (財布) 지갑　183

색인 (Index)

さとう (砂糖) 설탕	082	ずっと 계속, 쭉, 줄곧	184
サムギョプサル 삼겹살	071	すてきだ (素敵だ) 근사하다, 아주 멋지다	159
さむけ (寒気) 한기, 오한	182	すてる (捨てる) 버리다	081
さんぽ (散歩) 산책	065	スニーカー 운동화	154
しあい (試合) 시합	127	すむ (住む) 살다, 거주하다	168
しけん (試験) 시험	182	すわる (座る) 앉다	052
じこ (事故) 사고	181	セーター 스웨터	159
じしん (地震) 지진	110	せいかつ (生活) 생활	111
じつは (実は) 실은, 사실은	070	せき 기침	182
しぬ (死ぬ) 죽다	031	せんたくする (洗濯する) 세탁하다, 빨래하다	068
しぶや (渋谷) 시부야 (도쿄 지명)	035	センチ 센티(미터)	054
しまる (閉まる) 닫히다	169	そうじする (掃除する) 청소하다	068
ジム 짐(gym), 체육관, 헬스클럽	037	そんな 그런, 그와 같은	159
しめる (閉める) 닫다	174		
しやくしょ (市役所) 시청	094	**た행**	
シャワー 샤워	067	ダイエット 다이어트	186
しゅうでん (終電) 마지막 전철 (막차)	173	だいじょうぶだ (大丈夫だ) 괜찮다	110
じゅぎょう (授業) 수업	056	だいぶ (大分) 상당히, 꽤	097
しゅみ (趣味) 취미	159	たいふう (台風) 태풍	120
じょうだん (冗談) 농담	070	たいへんだ (大変だ) 힘들다, 큰일이다	110
ジョギング 조깅	142	たおれる (倒れる) 쓰러지다, 넘어지다	110
しらべる (調べる) 조사하다, 검토하다	050	たくさん 많이	040
しる (知る) 알다	055	だす (出す) 제출하다, 내다	084
しんぱいする (心配する) 걱정하다	081	たっきゅうびん (宅急便) 택배	139
スーツ 정장	095	たぶん 아마	122
すごい 굉장하다, 대단하다	110	だめだ 안 된다, 좋지 않다	048

~ために ~을/를 위해서	142	
チーム 팀	127	
ちち (父) 아버지	154	
~ちゃん 친근감을 나타내는 호칭	110	
ちゃんと 확실히, 틀림없이	172	
~ちゅう (中) ~중	056	
ちょうし (調子) 상태, 컨디션	182	
チョコレート 초콜릿	155	
つかう (使う) 사용하다	047	
つく 켜지다	174	
つくば 쓰쿠바 (일본 이바라키현 지명)	173	
つくりかた (作り方) 만드는 법	156	
つくる (作る) 만들다	109	
つける 켜다	083	
て (手) 손	047	
~で ~(으)로 (수단 · 방법)	035	
ていしゅつ (提出) 제출	084	
てつだう (手伝う) 도와주다	153	
でも 그래도, 하지만	070	
てんき (天気) 날씨	120	
でんき (電気) 전기, 불	087	
てんきよほう (天気予報) 일기예보	120	
ドア 문	083	
どう 어떻게	020	
とうきょうスカイツリー (東京スカイツリー) 도쿄 스카이 트리	066	

どうして 왜, 어째서	181	
とおい (遠い) (공간이나 시간이) 멀다	173	
とき (時) 때	024	
どこか 어딘가	021	
どこも 어디도 (뒤에 부정 수반)	021	
ところで 그런데 (화제 전환)	071	
としょかん (図書館) 도서관	019	
トマト 토마토	120	
とまる (止まる) 멈추다	110	
とめる (止める) 세우다	081	
とりあえず 우선, 일단	172	

な행

なおす (直す) 고치다	157	
なく (泣く) 울다	168	
なにか 무언가	021	
なにも 아무것도 (뒤에 부정 수반)	015	
ならぶ (並ぶ) 나란히 서다	174	
ならべる (並べる) 나란히 놓다	171	
なんども (何度も) 몇 번이나, 여러 번	066	
~に ~에게, ~로부터	151	
~によると ~에 의하면, ~에 따르면	120	
にあう (似合う) 어울리다	126	
にゅういんする (入院する) 입원하다	096	
ね 있잖아, 저기 말이야	110	
ねがい (願い) 부탁, 소원, 바람	183	

색인(Index)

ネクタイ 넥타이	094	
ねつ (熱) 열	182	
~ので ~(이)므로, ~때문에 (원인·계기)	071	
のど 목	021	
のりかえる (乗り換える) 갈아타다	035	
のる (乗る) 타다	035	

は행

はいる (入る) 들어가다/오다	034
はかる 재다	184
はく (구두, 양말을) 신다	052
パク 박 (한국인의 성)	142
はじめて (初めて) 처음으로	124
はしる (走る) 달리다, 뛰다	069
はずかしい (恥ずかしい) 창피하다	083
パチンコ 슬롯머신	066
はなす (話す) 이야기하다	035
はなみず (鼻水) 콧물	182
はは (母) 어머니	156
はやく (早く) 빨리	020
ピアノ 피아노	136
ひえる (冷える) 차가워지다	172
ひきだす (引き出す) 찾다, 꺼내다, 인출하다	139
ひく 연주하다, (피아노 등을) 치다, 켜다	138
ひさしぶりに (久しぶりに) 오랜만에	022
びっくりする 깜짝 놀라다	110

ひやす (冷やす) 차게 하다	172
ふく (服) 옷	019
ふゆやすみ (冬休み) 겨울 방학	073
プレゼント 선물	151
へえ 우와, 헤, 허참 (놀람)	142
べんとう (弁当) 도시락	069
ボールあそび (ボール遊び) 공놀이	069
ぼうし (帽子) 모자	155
ボタン 버튼	034
~ほん (本) ~병, ~자루 (가늘고 긴 물건을 세는 말)	172
ほんだな (本棚) 책장	110
ほんとうだ (本当だ) 정말이다, 진짜이다	054

ま행

まいばん (毎晩) 매일 밤, 매일 저녁	037
マスク 마스크	096
また 또, 다시	047
まだ 아직	038
マッコリ 막걸리	064
まど (窓) 창문	083
まにあう (間に合う) 시간에 늦지 않다	127
みせ (店) 가게	123
みせる (見せる) 보이다, 보도록 하다	054
みんな 모두	084
むかえる (迎える) (찾아온 사람, 다가온 시기 등을) 맞다, 맞이하다	017

メール 메일 066

メールアドレス 이메일 주소 175

めがね 안경 018

めんせつ (面接) 면접 109

もう 벌써, 이제 173

もちろん 물론 054

もってくる (持って来る) 갖고 오다 095

もの 것/물건 113

や행

やっと 겨우, 간신히 158

やる 하다 021

ゆうせんせき (優先席) 우선석 186

ゆっくり ① 천천히, 느긋하게 ② 충분히, 여유 있게 020

ようじ (用事) 볼일, 용무 185

よくなる 좋아지다 097

～よね ～지요? (확인 · 동의를 구함) 127

よやくする (予約する) 예약하다 095

ら행

りようする (利用する) 이용하다 139

りょこう (旅行) 여행 017

れいぞうこ (冷蔵庫) 냉장고 169

レストラン 레스토랑 069

レポート 리포트 084

れんしゅうする (練習する) 연습하다 137

れんらくする (連絡する) 연락하다 111

わ행

わかる 알다, 이해하다 039

わすれる (忘れる) ① 잊다 ② (물건을) 잊고 두고 오다/가다 081

わるい (悪い) 나쁘다 126

MEMO

외국어 출판 40년의 신뢰
외국어 전문 출판 그룹
동양북스가 만드는 책은 다릅니다.

40년의 쉼 없는 노력과 도전으로 책 만들기에 최선을 다해온 동양북스는
오늘도 미래의 가치에 투자하고 있습니다.
대한민국의 내일을 생각하는 도전 정신과 믿음으로 최선을 다하겠습니다.

📖 동양북스

📖 동양북스 추천 교재

일본어 교재의 최강자, 동양북스 추천 교재

회화 코스북

일본어뱅크 다이스키
STEP 1·2·3·4·5·6·7·8

일본어뱅크
좋아요 일본어 1·2·3·4·5·6

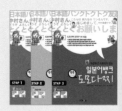

일본어뱅크 도모다찌
STEP 1·2·3

분야서

일본어뱅크
좋아요 일본어 독해 STEP 1·2

일본어뱅크
일본어 작문 초급

일본어뱅크
사진과 함께하는
일본 문화

일본어뱅크
항공 서비스 일본어

가장 쉬운 독학
일본어 현지회화

수험서

일취월장 JPT
독해·청해

일취월장 JPT
실전 모의고사 500·700

일단 합격하고 오겠습니다
JLPT 일본어능력시험
N1·N2·N3·N4·N5

일단 합격하고 오겠습니다
JLPT 일본어능력시험
실전모의고사 N1·N2·N3·N4/5

단어·한자

특허받은
일본어 한자 암기박사

일본어 상용한자 2136
이거 하나면 끝!

일본어뱅크
좋아요 일본어 한자

가장 쉬운 독학
일본어 단어장

일단 합격하고 오겠습니다
JLPT 일본어능력시험
단어장 N1·N2·N3

중국어 교재의 최강자, 동양북스 추천 교재

중국어뱅크 북경대학 신한어구어
1 · 2 · 3 · 4 · 5 · 6

중국어뱅크 스마트중국어
STEP 1 · 2 · 3 · 4

중국어뱅크 집중중국어
STEP 1 · 2 · 3 · 4

중국어뱅크
뉴! 버전업 사진으로
보고 배우는 중국문화

중국어뱅크
문화중국어 1 · 2

중국어뱅크
관광 중국어 1 · 2

중국어뱅크
여행실무 중국어

중국어뱅크
호텔 중국어

중국어뱅크
판매 중국어

중국어뱅크
항공 실무 중국어

정반합 新HSK
1급 · 2급 · 3급 · 4급 · 5급 · 6급

일단 합격 新HSK 한 권이면 끝
3급 · 4급 · 5급 · 6급

버전업! 新HSK
VOCA 5급 · 6급

가장 쉬운 독학
중국어 단어장

중국어뱅크
중국어 간체자 1000

특허받은
중국어 한자 암기박사

📖 동양북스 추천 교재

기타외국어 교재의 최강자, 동양북스 추천 교재

중고급 학습

첫걸음 끝내고 보는 프랑스어 중고급의 모든 것

첫걸음 끝내고 보는 스페인어 중고급의 모든 것

첫걸음 끝내고 보는 독일어 중고급의 모든 것

첫걸음 끝내고 보는 태국어 중고급의 모든 것

첫걸음 끝내고 보는 베트남어 중고급의 모든 것

단어장

버전업! 가장 쉬운 프랑스어 단어장

버전업! 가장 쉬운 스페인어 단어장

버전업! 가장 쉬운 독일어 단어장

가장 쉬운 독학 베트남어 단어장

여행 회화

NEW 후다닥 여행 중국어

NEW 후다닥 여행 일본어

NEW 후다닥 여행 영어

NEW 후다닥 여행 독일어

NEW 후다닥 여행 프랑스어

NEW 후다닥 여행 스페인어

NEW 후다닥 여행 베트남어

NEW 후다닥 여행 태국어

수험서 · 교재

한 권으로 끝내는 DELE 어휘·쓰기·관용구편 (B2~C1)

수능 기초 베트남어 한 권이면 끝!

버전업! 스마트 프랑스어

일단 합격하고 오겠습니다 독일어능력시험 A1 · A2 · B1 · B2